高校で学ぶ
発達障がいのある生徒のための
社会参加をみすえた
自己理解

〜「よさ」を活かす指導・支援〜

監修／小田 浩伸

編著／大阪府教育委員会

はじめに

　平成28年4月に「障害を理由とする差別の解消の推進に関する法律（障害者差別解消法）」が施行され、障がいの有無にかかわらず、安全に安心して暮らせる「共生社会」の実現に向けて、国や地方公共団体を中心に、様々な施策が推進されています。

　また、平成30年3月に告示された高等学校学習指導要領の前文では、これからの学校には、「一人一人の生徒が，自分のよさや可能性を認識するとともに，あらゆる他者を価値のある存在として尊重し，多様な人々と協働しながら様々な社会的変化を乗り越え，豊かな人生を切り拓き，持続可能な社会の創り手となることができるようにすることが求められる」とされています。生徒がいきいきと学び、それぞれの資質・能力を存分に伸ばせる環境を整えるためには、発達障がいのある生徒を含むすべての生徒一人ひとりへの理解を深め、個々の教育的ニーズに応じた指導や支援の推進が必要です。

　大阪府教育委員会では、高校で学ぶ発達障がいのある生徒への指導・支援を充実させることが重要であるとの認識のもと、平成24年9月に、高校の教職員を対象に、『高校で学ぶ発達障がいのある生徒のための 明日からの支援に向けて』、『高校で学ぶ発達障がいのある生徒のための 共感からはじまる「わかる」授業づくり』の2冊を発行しました。

　本書は、その続編として、発達障がいのある生徒の「社会参加」をテーマとしています。高校卒業後の進路先での困りの軽減や、必要に応じて周囲に適切な支援を求める力の育成をめざし、生徒の自己理解の促進と、自尊感情や自己肯定感を大切にした指導・支援について、理論編、事例編、資料編の3部構成で編纂しました。とりわけ事例編については、職員研修などでの活用をみすえ、発達障がいの特性のある生徒が進学先や就職先で予測される困りの内容をもとに、「高校で取り組むべき指導・支援」について事例検討を行うとともに、研修参加者が「自分の学校ではどうか」という観点から協議を深めることを目的としています。

　本書の副題である「『よさ』を活かす指導・支援」は、生徒のにがてなことや課題ばかりに注目するのではなく、生徒の得意なこと・自信のあることなどの「よさ」を活用した指導や支援の大切さを表しています。

　本書が、発達障がいのある生徒をはじめ、高校で学ぶ生徒一人ひとりの社会参加に向けた指導・支援に資するものとなることを心から願っています。

大阪府教育庁教育振興室
支援教育課・高等学校課

もくじ

はじめに

Ⅱ 事例編　指導と支援の実際

Ⅲ 資料編

■**本文中での用語の使用について**

　　大阪府では、障がいのある方の思いを大切にし、府民の障がい者理解を深めていくため、文書等において
マイナスのイメージがある「害」の漢字をできるだけ用いないで、ひらがなで表記することとしています。
　　また、「特別支援教育」は「支援教育」、「特別支援学校」は「支援学校」「特別支援学級」は「支援学級」
という用語を使用しています。なお、法律等において使用されている「障害」や「特別支援教育」、「特別支
援学校」という用語は、そのまま使用しています。

I 理論編

発達障がいのある生徒への
適切な指導・支援のために

1 「困っている生徒」への気づきと支援

（1） 生徒の困りに気づくためのポイント

　ホームルームや授業中に「板書された内容をノートに写さない」、「課題の提出をよく忘れる」、「同じ質問を何度も繰り返す」など、気になる生徒はいませんか。その生徒は、教員の話を聞いていないのでも、うっかりしているのでもなく、自分の困りをうまく説明できなかったり、自分が困っていることに自覚がなかったりするのかもしれません。

　実際、「黒板を写そうとしても、書き終わる前に消されてしまって嫌になる」、「行動のおかしさを指摘されるが、自分ではどこがおかしいのかわからない」、「得意なことがないので、就職先や進学先をどう決めたらよいかわからない」、「次に何をすべきかわからないとき、誰に相談したらよいかわからない」、「自分を理解してくれる先生や友だちがほしい」などの悩みや不安を訴える生徒がいます。生徒の発言や様子を表面的にとらえて、「怠けている」、「やる気がない」などと判断してしまうのではなく、まずは背景に何か要因があるのではないかという視点から考えてみましょう。

　生徒が発する小さなサインに気づくことが、発達障がいのある生徒への適切な指導・支援の第一歩です。発達障がいに起因すると思われる生徒の困りやつまずきについて、例えば以下のことがあげられます。

【対人関係面】
・その場の雰囲気を察することが難しい
・相手の気持ちや情感を理解することがにがて
・言いたいことを一方的に話す　　など

【学習面】
・注意力や集中力が長時間維持できない
・聞く、話す、読む、書く、計算する、または推論するなどの能力のうち、特定のものの習得と使用が著しく困難　など

まわりの環境や生徒の状況によって困りの内容は変化します

【行動面】
・突然の予定変更に対応できない
・衝動的に行動する
・じっとしていることがにがて
・環境の変化にうまく対応できない　　など

【運動面】
・動作がぎこちない
・人や物によくぶつかる
・左右の手足の協調運動がにがて
・手先が不器用　　など

（２）発達障がいについて

　発達障がいは、発達障害者支援法（2016 年改正）において「発達障害者とは、発達障害（自閉症、アスペルガー症候群その他の広汎性発達障害、学習障害、注意欠陥多動性障害などの脳機能の障害で、通常低年齢で発現する障害）がある者であって、発達障害及び社会的障壁により日常生活または社会生活に制限を受けるもの」とされています。

　しかし、発達障がいのある生徒の学習面や行動面、対人関係面などの困難の状況は、生徒の心理状態や、環境（場）によっても違ってくることから、医学的診断名等で特性をひとくくりに理解することはできません。

　発達障がいのある生徒への支援としては、自己理解を深め、自己肯定感を高めていくことが重要なポイントになります。そのためには、生徒自身が自分のよさや得意なことを自覚できることと、それを周りにも認めてもらうことの両方が大切になります。学校生活全般において、今できていること、新しくできるようになってきたことを観察・記録しながら、生徒自身が気づいていないよさや得意なことに気づくことができるように、教員が声かけや褒める場面をつくっていくことが効果的です。この取組みは、「自分のことを見てくれている」、「自分の存在を認めてもらえた」など生徒の自己肯定感の高揚と、教員との信頼関係の構築にも役立ちます。さらには、学級や学習集団など周りの生徒への理解啓発も進めながら、学級（集団）全体で個々の違いや互いのよさに関心を持ち、認め合い、励まし合いながら成長するような雰囲気づくりが大切です。

　生徒の理解と対応について、複数の場面での行動観察や背景要因等の情報をふまえた根拠に基づく実態把握のもと、生徒のにがてな側面への焦点化でなく、得意な側面や強みに視点を当てた関わりや支援を進めましょう。また、高校は、学科や教育課程の違いにより学校の特色や生徒の状況が多様であることに加え、教科担当制により授業以外の個々の教員との関わりが限られてしまうことから、生徒一人ひとりの適切な実態把握を行うために、担任や支援教育コーディネーターだけでなく、その生徒と関わるすべての教員の気づきや、中学校からの引継ぎ資料、保護者からの情報などを集約し、教員間で情報共有できる校内支援体制を構築していくことが大切です。

①　【ASD】自閉スペクトラム症／自閉症スペクトラム障がい
　　（Autism Spectrum Disorder）

> 　2013 年に改訂された「DSM-5（精神疾患の診断・統計マニュアル）」により、それまでは「自閉性障がい」「アスペルガー障がい」などをまとめて「広汎性発達障がい」とされていたものが、ASD にまとめられるとともに、ASD の定義のポイントが次の2つの主症状にまとめられました。
>
> 　①社会的コミュニケーションおよび対人的相互作用の障がい
> 　②限定された反復的な行動様式（興味・活動、行動や感覚の過敏性）

●社会的コミュニケーションおよび社会的相互作用の障がいの特性としては、次のような行動があげられます。

- ・他者との良好な関係を築くことがにがて
- ・視線が合わない
- ・マイペースで人に合わせることがにがて
- ・暗黙のルールがわからない
- ・ルールやマナーの違反を見つけると、周りの雰囲気を無視して指摘する
- ・同年齢の生徒と会話がかみ合わない
- ・言葉を字面どおり受け取る
- ・他の人に自分の思いや考えをうまく伝えられない
- ・言いたいことを一方的に話す
- ・場にそぐわない表現をする
- ・話の細かいところにこだわる　　など

●限定された反復的な行動様式（興味・活動、行動や感覚の過敏性）に関する特性としては、次のような行動があげられます。

- ・行動や興味の範囲が限定的
- ・興味のある物事へのこだわりが強い
- ・突然の環境の変化や予定の変更にうまく対応できない
- ・自分のルールにこだわる
- ・行動パターンが決まっている
- ・反復的な行動をよく行う
- ・光をまぶしがる
- ・キラキラした物を好む
- ・音、におい、痛みなどに対する感覚が鈍い（鋭い）
- ・食べ物の好き嫌いが激しい
- ・服のタグや特定の生地がにがて
- ・動作がぎこちない
- ・左右の手足の協調運動がにがて
- ・手先が不器用
- ・得意なことと不得意なことの差が大きい　　など

特性の理解と指導・支援のために

　ASD のある生徒は、社会的コミュニケーションの特性として、他人との関係を構築するうえでの困難さがあり、集団のなかで自分がどのようにふるまうべきかわからず、適切なタ

イミングで発言できなかったり、質問方法がわからず質問できなかったりすることがあります。また、物事へのこだわりや感覚に関する特性から、同じことを繰り返し行動することを好んだり、周りの音や光に敏感に反応したりすることがあります。そのため、周囲から、「自分勝手」や「わがまま」ととらえられる発言や行動が多くみられるかもしれません。さらに、生徒自身がその特性に気づいておらず、「なんとなく嫌だ、イライラする」けれども、その気持ちを周囲にうまく伝えることができないことも多くあります。

　これらの特性が ASD のあるすべての生徒に当てはまるものではありませんが、適切な指導や必要な支援を行ううえで、その特性の可能性があることを教員が認識しておくことは重要なことです。例えば、体育祭で合図に使われるピストル音に敏感な生徒に対し、その音に慣れさせればいいと考え、繰り返しピストル音を聞かせるような指導を行うことは、生徒に非常なストレスを与えることになり不適切です。障がいによる困りに対し、ただひたすら反復練習を行うことに効果はありません。そのようなときはスタートの合図の方法を、ピストルに限らず、ホイッスルや視覚的な方法を用いるなどの対応を考えることが必要です。

　また、社会的コミュニケーションの特性により起きるトラブルに対し、大きな声での叱責や、毎回反省文の提出を求めることなどは、生徒の状況によっては、自己肯定感の低下や他者への反発の気持ちを招くなど、指導・支援として逆効果となります。「友人と話したい、仲良くなりたい」と思っているのに、うまくいかずに困っている生徒と認識し、穏やかな声で、具体的、端的に諭すことが大切です。

　周囲からは理解されにくい行動であっても、その生徒にとっては「気持ちを落ち着かせるため」など、重要な意味のある行動かもしれません。状況や場面をふまえ、本当にやめさせる必要があるかどうかについて冷静に判断しましょう。環境が変わることによって、気になる行動が減少することもあります。生徒だけに変化を求めるのではなく、生徒を取り巻く環境も含めた指導・支援のあり方を考えていきましょう。

②　【ADHD】注意欠如・多動症
　　　(Attention-Deficit Hyperactivity Disorder)

　ADHD のある生徒の主な特性として、不注意、多動性、衝動性などがあります。特性の現れ方は以下の 3 つがあげられます。

　①多動性および衝動性がめだつもの。
　②不注意がめだつもの。
　③上記①と②の両方の特性がみられるもの。

●多動性による行動の例

　・授業中や座っていることを求められているときに席を離れてしまう

　・じっとしていない

・何かに駆り立てられるように活動する

・過度に話す　　など

●衝動性による行動の例

・質問が終わらないうちに答えてしまう

・順番を待てない

・会話に割り込む　　など

●不注意による行動の例

・学習面で、細かいところまで注意を払わなかったり、不注意による間違いを繰り返したりする

・面と向かって話しかけているのに、聞いていないように見える

・指示どおりの行動ができない

・宿題等を期限までに仕上げることができない

・学習の課題や活動に必要な物をよく失くす　　など

特性の理解と指導・支援のために

　ADHD のある生徒への支援は、まず「落ち着いて学習できる環境」を整えることから始めましょう。また、言語による指示を行うときは、注意力を向上させるために簡潔かつ具体的な表現を用いることが大切です。

　例えば、ホームルーム教室では、「授業で使用する黒板回りに不要な掲示物をなくす」、「教室の乱れ（机の配置、ごみ箱の状況、壁の汚れなど）を少なくする」などの基礎的な環境整備が考えられます。周りの様子が気になってしまう生徒には、本人と相談のうえ、教室の座席を最前列に固定することで、視覚的な刺激を少なくする配慮が考えられます。板書を書き写すことに困難さがある生徒や、聴覚情報の処理がにがてな生徒には、授業担当者と調整のもと、板書を写真に撮ることを許可したり、視覚的にわかりやすく工夫されたプリント教材を作成・配付したりすることも考えられます。

　また、不注意の特性がある生徒は、その困りが周囲から気づかれにくく、失敗体験の積み重ねが自尊感情の低下につながっていくことも多いため注意が必要になります。例えば、課題提出を忘れてしまう生徒には、提出期限の注意喚起の際、全体への指示に加えて、個別にプリントを渡すなどの配慮が考えられます。

　これらの配慮について、「障がいがあるから、特別扱いをする」というスタンスではなく、生徒本人や周囲がその特徴を理解し、「このようなてだてがあれば、スムーズに取り組める」という経験を積めるようにすることが大切です。「工夫すればできる」という生徒の自尊感情、自己肯定感を高めることを意識した指導・支援のあり方を考えましょう。

③　【LD】限局性学習症／学習障がい
（Learning Disabilities）

> LD は医学的な診断に加えて、教育における定義があります。医学的な診断においては、読字、書字、算数の領域において、それぞれ限局的に学習上の困難さがみられるとしています。
>
> 教育においては、文部科学省の定義で、「聞く」「話す」「読む」「書く」「計算する」「推論する」のうち特定のものの習得と使用に著しい困難を示す様々な状態とされています。
>
> ●読字障がい（ディスレクシア）
> 　字を読むことに困難がある症状。表記された文字とその読みを対応させにくく、読むスピードが遅かったり、読み飛ばしてしまったりする。
>
> ●書字障がい（ディスグラフィア）
> 　文字や文章を書くことに困難がある症状。文字が全く書けないわけではなく、人によって現れる症状は異なる。
>
> ●算数障がい（ディスカリキュア）
> 　数字そのものの概念や、数量の大小、図形や立体問題の理解が難しくなる症状。

　知的な遅れや視聴覚の障がいがなく、教育環境も整っており、本人も努力しているにもかかわらず、読み書きや計算などの特定の領域で学習の遅れがみられることから、国語、社会、数学、理科などの教科において比較的顕著に表れます。また、体育、音楽、美術、工芸などについても、その学習に多様な影響を及ぼす可能性もあります。

●聞く場面
　・音声は聞こえているが、意味のある音や言葉としてとらえられていない
　・文脈全体の意味を理解していない　　など

●話す場面
　・適当な言葉を見つけられなかったり、発音しにくい言葉があったりする
　・説明する順番を組み立てることがにがて
　・考えや思いをうまく言葉にできない　　など

●読む場面
　・文章の音読に時間がかかる
　・早く読めるが、理解できていない

・助詞の「は」を「わ」、「へ」を「え」と読み分けできない

・読んでいる箇所を指で押さえないとわからなくなる

・形や位置の識別や記憶がにがて

・文字と音を適切に結びつけることがにがて

・文章を理解し、内容を整理して把握することがにがて

・単語や文節の途中で区切って読んでしまう

・逐字読みがある（文字を一つずつ拾って読む）

・文字間、行間が狭くなると読みにくくなる

・内容がわかると読みやすくなる

・音読より黙読がにがて

・文末などを適当に自分で変えて読んでしまう

・読み始めより、終わりの方で誤りが増える　　など

●書く場面

・書き順をよく間違える

・マス目や行に収められない

・促音や拗音などの誤りが多い

・文字や文章を書くこと、綴ること、計算すること、形を整えることがにがて

・促音、撥音、二重母音など特殊音節の誤りが多い

・「わ」と「は」、「お」と「を」のように耳で聞くと同じ音の表記に誤りが多い

・「め」と「ぬ」、「わ」と「ね」、「雷」と「雪」のように、形態の似ている文字の誤りが多い

・画数の多い漢字に誤りが多い　　など

●計算する場面

・数を数えるのがにがて

・時計が読めない

・繰り上がり、繰り下がりの数を忘れる

・計算式を揃えて書くことがにがて

・図形の模写（視写）が困難

・筆算はできるが暗算がにがて

・数の合成分解ができない

・位取りが理解できない

・量の単位を間違う

・図形の認知や構成ができない　　など

●予想・推論する場面

　・図形の理解がにがて

　・模写ができない

　・時間や場所の認識が弱い　　など

特性の理解と指導・支援のために

　LD のある生徒は、決して学習を怠けたり、やる気がなかったりするわけではありません。障がいの特性により、特定の能力が十分に発揮できない状況であることを教員が理解して指導・支援に当たる必要があります。

　学習場面においては、ユニバーサルデザインの視点をいかした授業改善と、学習課題に安心して取り組める工夫や配慮があると、学びの環境が整い、「わかった」、「できた」という成功体験につなげることができます。

　例えば、板書や教員の話を聞きながらメモを取ることがにがてな生徒の場合には、板書内容や重要度に基づいて色チョークを使い分けたり、ヒントとなる部分にアンダーラインをつけたり、キーワードや要点になる部分を枠で囲むなどの配慮が考えられます。また、今は書くとき、聞くとき、話し合うときなど、やるべきことを明確に区別する提示も有効になります。さらに、見ることや聞くことに困難が生じている生徒の場合には、近くで見ることができるようタブレットで板書を撮影することや、ノートに書くことの代替としてのパソコン入力、ボイスレコーダーでの録音など ICT 機器活用も進めていくことが大切です。こうした特定の生徒への支援が全体にとってもわかりやすい支援になっていることが多く、授業における様々な工夫や配慮が学びのユニバーサルデザインの充実につながっていくことが期待されます。

　学習上の失敗経験や、それに対する周囲の否定的な関わり方が繰り返されることで、生徒の自己肯定感の低下や、情緒の不安定につながることがあります。生徒のつまずきに教員が早めに気づき、正しい理解のもと、支援のてだてを検討しましょう。

　指導・支援に当たっては、保護者との連携のもと、一人ひとりの状況を把握し、どのような支援や配慮があれば本人が力を発揮でき、適正に評価できるのかなど、ニーズに応じた「個別の教育支援計画」や「個別の指導計画」を作成し、担任や教科担当者等で共有しながら授業内容や教材の工夫・改善を考えましょう。

④ 【DCD】発達性協調運動症／発達性協調運動障がい
（Developmental Coordination Disorder）

> DCDは、知的能力や言語発達に遅れがなく、視覚や聴覚、運動機能にも問題がないにもかかわらず、協調運動に困難さを示す障がいであり、発達障がいの類型の一つとされています。
>
> DSM-5（精神疾患の診断・統計マニュアル）によると、次の①〜④を充たすことがDCDの診断基準とされています。また、ASD、ADHDとの併存診断も可能とされています。
>
> ①協調運動技能の獲得や遂行が、生活年齢や技能の学習および使用の機会に応じて期待されるよりも明らかに不正確であること。
> ②運動技能の遂行の遅さと不正確さは、生活年齢にふさわしい日常生活活動（例：自己管理、自己保全など）を著明および持続的に妨げており、学業または学校での生産性、就労前および就労後の活動、余暇、および遊びに影響を与えていること。
> ③症状のはじまりは発達段階早期であること。
> ④知的障害や視覚障害、運動に影響を与える神経疾患（例：脳性麻痺、筋ジストロフィー、変性疾患）では説明できないこと。

このような協調運動の困難さは、運動技能の緩慢さや不正確さとして顕在化し、生徒の学習や日常生活に大きな影響を及ぼしている場合があります。実際に、学習や日常生活場面でみられる協調運動の困難さ（運動技能の緩慢さや不正確さ）としては、次のような状況があげられます。

● 学習の場面
 ・姿勢を正しく保持できない
 ・字を書く動作がぎこちない
 ・字がマスからはみ出してしまう
 ・縄跳びがとべない
 ・縦笛が吹けない
 ・走る、跳ぶ、投げる、打つなどの動作がぎこちない
 ・ダンスで周りと違う動きになってしまう　　　など

● 日常生活の場面
 ・手先で物をつかむのがにがて（物の握り方がぎこちない）
 ・箸やスプーンをうまく使えない
 ・はさみの使い方がぎこちない

・自転車に乗るのがにがて

・物をよく落とす

・物や壁にぶつかることが多い

・靴ひもをうまく結べない

・つまずく物がないのによく転ぶ　　など

特性の理解と指導・支援のために

　DCD のある生徒の協調運動の困難さを、経験不足や練習不足、やる気がないことが原因ととらえると、教員や保護者も「練習が足りない」、「怠けている」、「何度も繰り返し挑戦すると必ずできるようになる」として反復練習を強いることになります。こうした間違った対応（無理解による対応）によって、生徒の心理的ストレスが大きくなり、自己肯定感の低下、無気力、不登校、反発などの二次的な諸問題に展開する場合もあります。DCD の正しい知識の理解啓発を進めていくとともに、生徒の自己理解と、できないことは無理せずに周りの人に助けを求められる自己開示の方法を身につけていくことが社会参加に必要な力となります。

コラム 1　2E 教育について　－二重の特別支援－

　2E (Twice-Exceptional) とは、発達障がいがあることと、特定の分野に突出した才能を持っていたり知的能力が水準を大きく上回っていたりといった優れた才能を併せ有する子どものことをいいます。そして、発達障がいへの支援と、優れた才能への支援の二重の特別支援を要する児童生徒への教育を「2E (二重の特別支援) 教育」と呼んでいます。2E 教育の考え方は、1980 年代にアメリカではじまりましたが、日本では近年ようやく注目されるようになり、検討と実践の試みがはじまってきました。

　発達障がいのある生徒のなかには、優れた才能による「得意」と、障がいに伴う「不得意」の両面があり、得意な教科の授業は簡単すぎてつまらないと感じてやる気のない態度をとったり、運動が不得意なゆえに体育に参加したくないと明言したり、同級生とまったく話題が合わず関わりを持とうとしなかったりするなど、周りからは「できるはず」とか「自分勝手」と誤解されてしまうことがあります。そのため、次第に自信や意欲を失い、不登校や他者への反発が顕著になっていく場合もあります。こうした状況にある生徒に対し、得意な分野の能力や興味を伸ばし、不得意なことを補うことにいかす 2E 教育は、発達障がいのある生徒が持つ才能を遺憾なく発揮させる教育といえます。

　高校における 2E 教育は、学習の進め方とともに大学進学への移行支援の課題でもあり、今後の指導プログラムの開発と、その実践・評価に関する研究が求められるところです。高校において通級による指導が制度化され、一人ひとりの教育的ニーズに応じた支援教育がより一層充実していくなかで、2E 教育の考え方と意義について浸透していくことが期待されます。

障がいのとらえ方の変化と 国内外の法整備・学習指導要領

（1） 障がいのとらえ方

障がいは
どこにある？

　上の図では、車いす利用者が先に進めずに困っています。一体何が「障がい」となっているのでしょうか。

　現在、障がいのとらえ方として、「国際生活機能分類（ICF：International Classification of Functioning, Disability and Health）」が用いられています。これは、2001 年 5 月に、世界保健機関（以下「WHO」）第 54 回総会において採択されたものです。

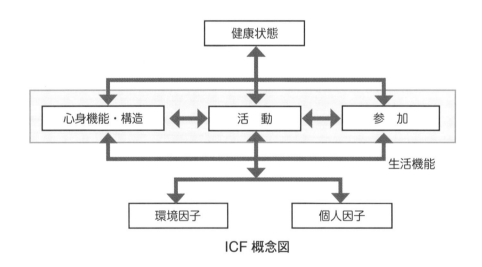

ICF 概念図

　ICF が採択されるまでは、1980 年に「国際疾病分類（ICD）」の補助として発表した「WHO 国際障害分類（ICIDH）」が用いられていました。ICIDH は、障がいを個人の問題ととらえる「医学モデル」の考え方を背景にしていました。

　これに対し、ICF はこれらに環境因子という観点が加わりました。これは「社会こそが『障害（障壁＝バリア）』をつくっており、それを取り除くのは社会の責務」という「社会モデル」の考え方を取り入れたものです。

段差を越える
ことができない

「障がい」
のとらえ方の
違いに注目

　上の図で車いす利用者が先に進めない状況が起こっているのは、「本人に体の機能障がいがあるから」ではなく、「スロープ等が整備されていないなど社会的障壁があるから」ととらえます。

　この障がいのとらえ方は、その後の「障害者の権利に関する条約」等における基本的な考え方となっています。

医学モデルの考え方

心身の機能障がい
により段差を
越えられないと
とらえる

医療・訓練などに
よって機能障がいの
改善により
困難を解消

社会モデルの考え方

段差を社会の
障壁による困難
ととらえる

段差をスロープに
変更することで
困難が解消

（2）障害者の権利に関する条約への批准と国内の法整備

　平成18年12月、「障害者の権利に関する条約」が、第61回国連総会において採択されました。

　障害者の権利に関する条約第2条において、「『障害に基づく差別』とは、障害に基づくあらゆる区別、排除又は制限であって、政治的、経済的、社会的、文化的、市民的その他のあらゆる分野において、他の者との平等を基礎として全ての人権及び基本的自由を認識し、享有し、

又は行使することを害し、又は妨げる目的又は効果を有するものをいう。障害に基づく差別には、あらゆる形態の差別（合理的配慮の否定を含む。）を含む。」と定義されています。

また、第24条には「障がい者を包容するあらゆる段階の教育制度（インクルーシブ教育システム）を確保する」とされました。インクルーシブ教育システムとは、人間の多様性の尊重等の強化、障がい者が精神的および身体的な能力等を可能な最大限度まで発達させ、自由な社会に効果的に参加することを可能とするとの目的のもと、障がいのある者と障がいのない者がともに学ぶ仕組みのことです。

障害者の権利に関する条約

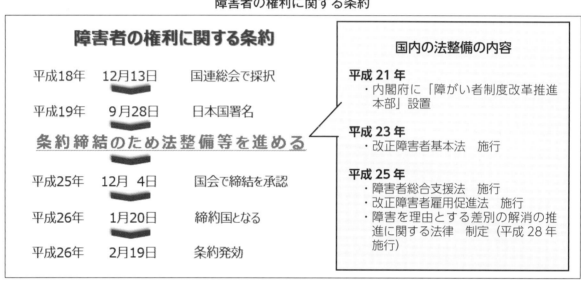

日本は平成19年9月に同条約に署名し、条約締結に向けて法整備等を行いました。平成16年の障害者基本法（昭和45年法律第84号）の改正において、障がい者に対する差別の禁止が基本的理念として明示され、さらに、平成23年の同法改正の際には、権利条約の趣旨をふまえ、同法第2条第2号において、社会的障壁について、「障害がある者にとつて日常生活又は社会生活を営む上で障壁となるような社会における事物、制度、慣行、観念その他一切のものをいう。」と定義されるとともに、基本原則として、同法第4条第1項に、「何人も、障害者に対して、障害を理由として、差別することその他の権利利益を侵害する行為をしてはならない」こと、また、同条第2項に、「社会的障壁の除去は、それを必要としている障害者が現に存し、かつ、その実施に伴う負担が過重でないときは、それを怠ることによつて前項の規定に違反することとならないよう、その実施について必要かつ合理的な配慮がされなければならない」ことが規定されました。

平成25年12月に障害者の権利に関する条約の批准について国会で承認され、平成26年1月に批准書を国連に寄託し条約締結国となり、同年2月より条約が発効しています。

（3）障害を理由とする差別の解消の推進に関する法律

前述の「障害者の権利に関する条約」の締結に向けた国内法制度の整備の一環として、すべての国民が、障がいの有無によって分け隔てられることなく、相互に人格と個性を尊重し合い

ながら共生する社会の実現に向け、障がいを理由とする差別の解消を推進することを目的として、平成 25 年 6 月、「障害を理由とする差別の解消の推進に関する法律」（いわゆる「障害者差別解消法」）が制定され、平成 28 年 4 月 1 日から施行されました。

　障害者差別解消法では、次の 2 つの内容について規定されました。

①　不当な差別的取扱いの禁止

　障害者差別解消法は「不当な差別的取扱いをすることにより、障害者の権利利益を侵害してはならない」と定めています。

　障がいがあることで、正当な理由なく教育の機会の提供を拒否したり、場所・時間帯などを制限したり、障がいのない人に対しては付さない条件を付したりするような行為は、不当な差別的取扱いとして禁止されます。

●教育における不当な差別的取扱いとなり得る例
　・障がいがあることを理由に受験や入学を拒否する
　・障がいがあることを理由に授業や部活動への参加を拒否する
　・障がいがあることを理由に校外での教育活動への参加を拒むことや、これらを拒まない
　　代わりとして正当な理由のない条件を付すこと　　　など

②　合理的配慮の提供

　障がいのある人やその保護者等から何らかの配慮を求める意思の表明があった場合には、社会的障壁を取り除くために、負担が過重でない範囲で、必要で合理的な配慮（合理的配慮）を行います。こうした合理的配慮を行わないことで、他人と同じように教育活動に参加できないなど、障がいのある人の権利利益が侵害される場合には、差別的取扱いに当たります。

●教育における合理的配慮の例
物理的環境への配慮や人的支援の配慮の具体例
　・情緒障がいのある生徒やその保護者等から申し出があった場合、必要に応じて利用できるクールダウン等のための場所を確保している。
　・移動に困難がある生徒に対し、参加する授業で使用する教室をアクセスしやすい場所に変更している。
　・災害時の警報音が聞こえにくい生徒に対し、災害時には教職員が直接災害を知らせ、避難を誘導する防災計画を立てている。
意思疎通の配慮の具体例
　・聴覚障がいのある生徒に対し、授業では板書等による視覚的な提示を行うとともに、教員ができるだけ大きく口を開いてゆっくり話し、その動きで理解の助けとなるよう工夫している。

・知的障がいのため漢字の読みに困難がある生徒に対し、プリントの漢字にルビをふって、読みやすくしている。

・学習障がい等で文字の読みに困難がある生徒に対し、文字以外を使った伝達の方法や読み上げなどの工夫を行っている。

ヨーロッパはユーラシア大陸の西にある。全体的には日本より高緯度だが、大陸の東側に比べると ……

プリントの漢字にルビをふっている。

タブレットを活用して、学習上の困難さを補っている。

ルール・慣行の柔軟な変更の具体例

・聴覚障がいのある生徒に対し、英語のリスニング等のテストでは、筆答代替テストを行っている。

・弱視のある子どもに対し、前列中央の席等を用意したり、照明器具を整備したり、拡大鏡への対応を行っている。

・肢体不自由のある生徒に対し、運動会などの行事に参加できる工夫を、生徒や保護者とともに検討し、実践している。

・慢性的な病気等のために他の生徒と同じように運動ができない生徒に対し、本人や保護者、主治医等と相談し、運動量を軽減したり代替の運動を用意したりしている。

・校内の試験で、本人や保護者の希望や障がいの状況に応じて、拡大文字の問題用紙や解答用紙の用意をしたり、別室での受験や試験時間を延長したりしている。

・学習の評価に当たって、障がいの状況に応じた評価方法を検討し、生徒の学習の過程や成果等を適切に評価している。

コラム 2 　大阪府障がい者差別解消ガイドラインにおける「3つめの類型」

　大阪府では、障害者差別解消法における「不当な差別的取扱いの禁止」、「合理的配慮の提供」の２つの類型に加え、３つめの類型として、法上の差別の類型には該当しないが、障がいのある人に対する不適切な発言や態度のあった事例について、「不適切な行為」として整理しています。

　また、差別があったということについて確認や判断ができないけれども、障がいのある人が差別だと感じるような事例について「不快・不満」として整理しています。

【参考】大阪府障がい者差別解消ガイドライン
　　　　http://www.pref.osaka.lg.jp/keikakusuishin/syougai-plan/sabekai_guideline.html

（4）改正発達障害者支援法

　平成 28 年に改正された発達障害者支援法では、教育に関する改正として、次のような内容が盛り込まれました。

> **【参考】発達障害者支援法**（抜粋）
> 第 8 条第 1 項関係（教育に関する改正について）
> ・発達障害児＊が、その年齢及び能力に応じ、かつ、その特性を踏まえた十分な教育を受けられるようにするため、可能な限り発達障害児が発達障害児でない児童と共に教育を受けられるよう配慮すること
> ・支援体制の整備として、個別の教育支援計画の作成（教育に関する業務を行う関係機関と医療、保健、福祉、労働等に関する業務を行う関係機関及び民間団体との連携の下に行う個別の長期的な支援に関する計画の作成をいう。）及び個別の指導に関する計画の作成の推進並びにいじめの防止等のための対策の推進
> ＊ 18 歳以上の発達障害者であって高等学校、中等教育学校及び特別支援学校並びに専修学校の高等課程に在学する者を含む。

（5）教育分野における国の動き

①　インクルーシブ教育システム構築に向けた国の動き

　文部科学省では、中央教育審議会特別委員会において協議が行われ、平成 24 年に「共生社会の実現に向けたインクルーシブ教育システム構築のための特別支援教育の推進」を報告しています。

　この報告を受け、平成 25 年 9 月には、学校教育法施行令が一部改正され、従来の「就学基準に該当する障害のある子どもは特別支援学校に原則就学する」という就学先決定の仕組みが「障害の状態、本人の教育的ニーズ、本人・保護者の意見、教育学、医学、心理学等専門的見地からの意見、学校や地域の状況等を踏まえた総合的な観点から就学先を決定」と改められました。

②　新しい高等学校学習指導要領

　平成 30 年 3 月に告示された、高等学校学習指導要領では、障がい等のある生徒への指導について、個別の教育支援計画や個別の指導計画の作成と活用に努めることとされるなど、支援教育に関する記載が充実されました。

　とりわけ、各教科等における指導計画作成の配慮事項として、すべての高校において発達障がいを含む障がいのある生徒が在籍しているだけでなく、学習面又は生活面において困難のある生徒で発達障がいの可能性のある生徒も在籍している可能性があることを前提に、すべての授業において、資質・能力の育成をめざすとともに、一人ひとりの教育的ニーズに応じたきめ細やかな指導・支援ができるように、高等学校学習指導要領総則に特別な配慮を必要とする生徒への指導について示されました。

また、各教科の学習指導要領解説では、障がいのある生徒等への指導についての記載が充実され、生徒の十分な学びが実現できるよう、学習の過程で考えられる困難さの状態に対する配慮の意図と支援のてだての例が示されました。

教科における配慮例として、例えば国語科では次のように記載されています。

【参考】高等学校学習指導要領解説（平成 30 年告示）国語編　（抜粋・一部加筆）

太字斜体部：困難さの状態　　　網掛け部：配慮の意図　　　下線部：てだて

例えば，国語科における配慮として，次のようなものが考えられる。

・*自分の立場以外の視点で考えたり他者の感情を理解したりするのが困難な場合*には，生徒が身近に感じられる文章（例えば，同年代の主人公の物語など）を取り上げ，文章に表れている心情やその変化等が分かるよう，行動の描写や会話文に含まれている気持ちがよく伝わってくる語句等に気付かせたり，心情の移り変わりが分かる文章の中のキーワードを示したり，心情の変化を図や矢印などで視覚的に分かるように示してから言葉で表現させたりするなどの配慮をする。

・*比較的長い文章を書くなど，一定量の文字を書くことが困難な場合*には，文字を書く負担を軽減するため，手書きだけではなくＩＣＴ機器を使って文章を書くことができるようにするなどの配慮をする。

・*声を出して発表することに困難がある場合や人前で話すことへの不安を抱いている場合*には，紙やホワイトボードに書いたものを提示したりＩＣＴ機器を活用したりして発表するなど，多様な表現方法が選択できるように工夫し，自分の考えを表すことに対する自信がもてるような配慮をする。

コラム 3　高校における通級による指導について

省令等の改正により、平成 30 年度から高校でも通級による指導が行えるようになりました。通級による指導は、障がいの特性による学習上・生活上の困難を主体的に改善・克服するために、特別支援学校の教育課程に特別に設けられた指導領域である「自立活動」に相当する指導を行うとされており、通常の学級での授業の理解促進、人間関係の形成やコミュニケーションの課題解決につながること、社会的自立・社会参加を図るために必要な能力が育成されるなどの効果が期待されます。

自立活動の指導では、個々の生徒の実態を的確に把握し、個別に指導の目標や具体的な指導内容を定める必要があることから、オーダーメイドの指導になります。

これまで高校では仲間づくりや生活指導上の配慮や工夫、わかる授業づくりなどの取組みが行われてきました。これらの取組みに加え、通級による指導が制度化されたことで生徒一人ひとりの教育的ニーズに即した、より適切な指導や必要な支援が可能になります。つまり生徒の多様な教育的ニーズに対応できる「学びの場」を更に充実することができるということです。

高校段階では、卒業後の進路が就職・進学を問わず、将来の社会的自立や社会参加をみすえた指導・支援が必要になります。通級による指導の担当教員だけでなく、教職員全体が通級による指導に対する理解・認識を共有し、学校の教育活動全体にわたって、組織的に指導・支援を行うことが大切です。

（資料編 122 ページ・123 ページもご覧ください）

3 高校における発達障がいのある生徒の指導・支援について

（1）早期のアセスメントの重要性

① 的確なアセスメントのために

　生徒の実態把握を行う際、授業等の学校生活で表面に現れる様子だけを見て安易に「発達障がいの特性」と決めつけてしまうことは、その後の支援のてだての方向性を誤ってしまうことにつながりかねません。生徒の困っていることの根幹が障がいの特性によるものなのか、それとも別の要因があるのか、また両者が複雑に絡み合っているのかなどを、担任や学年教員、教科担当者など学校全体で情報を収集して整理するとともに、中学校等でどのような環境で過ごしていたのかなどの引継ぎ資料も活用し、生徒の行動面だけでなく、生徒を取り巻く環境を含めて把握することが大切です。

　発達障がいの特性に起因する行動には、下図のように「認知面・知的発達の課題」や「愛着形成の課題」が複合し、相互に作用しているケースがあります。学校の様子だけでは判断できないことも多いことから、家庭や中学校等と連携し、生徒の抱える困りを多面的にアセスメントすることが必要となります。

発達障がいと
その可能性のある生徒
- ○学習における「読み・書き・計算等」の特定分野に困難さがある（「できる・できない」の差が大きい）
- ○行動における多様性・衝動性・不注意が顕著
- ○対人関係における他者視点に立つことや状況理解に困難さがある
- ○学習や日常生活場面での動作のぎこちなさや左右の手足の協調運動の困難さがある

認知面・知的発達に
課題のある生徒
- ○学習内容の定着が難しい
- ○「わからないこと」がわかっていない（メタ認知ができていない）
- ○集中できる時間が極端に短い
- ○教科全般の理解が難しい

虐待が起因している可能性・
愛着面に課題のある生徒
- ○暴力・ネグレクト・心理的虐待等が起因した行動
- ○愛着関係の課題が起因すると考えられる対人関係の諸問題（注意引き行動・反社会的行動など）

多様なニーズのある生徒理解の観点

　大阪府ではすべての生徒にとって安全で安心な学校づくりを進めるために、積極的に生徒の状況を把握する取組みの一つとして、平成26年度よりすべての府立高校で「高校生活支援カード」を実施しています。

　高校では、小中学校等と違った環境での学校生活がスタートし、入学生は、新しい出会いや初めて経験する授業など、高校生活に期待が膨らむ一方で、不安や戸惑いを感じることもあります。

　「高校生活支援カード」は、府立高校に入学するすべての生徒・保護者に、中学校等までの状況や高校生活に対する不安やニーズなどを記入してもらいます。これまでの学校生活から大きく環境が変化する高校生活に不安を感じることは、発達障がいの特性のある生徒だけでなく、すべての生徒の共通の課題だからです。入学する生徒には学習内容や通学、友人関係、進路等それぞれの生徒の状況や背景によって、様々な不安要素があります。そのことを多くの教員が早い段階で把握することが、適切な支援につながります。さらに、特定の生徒ではなく、すべての生徒を対象とすることで、生徒・保護者にとって記入や提出への心理的な負担が軽減され、「相談しやすい学校だ」と安心できたという声も聞かれます。

　高校が生徒の状況や、生徒・保護者のニーズを把握し、想いを受け止め、高校卒業後の社会的自立に向けて学校生活を送れるよう、必要に応じて個別の教育支援計画・個別の指導計画の作成につなげたり、教育相談や学習支援、進路指導などに活用し、適切な指導・支援の充実につなげます。

（資料編 106 ページ・107 ページもご覧ください）

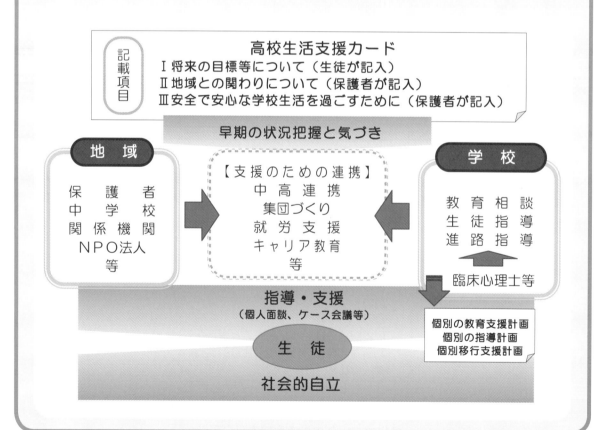

②　発達障がいのある生徒への気づき

　高校入学後の生徒に「気になる様子」がみられたら、「いつ」、「どこで」、「どのようなときに」、「何が気になる」など、生徒の状況を具体的に把握しましょう。

　発達障がいの特性による困難さは、学校生活の場面では、以下のような状況となって現れることがあります。

・板書された内容を時間内にノートに写せない（写そうとしない）
・自分の考えや気持ちを発表することや、自由に文章を書く課題に非常に時間がかかる
・教員の話や指示を聞き漏らしてしまう
・教科や単元によって得意・不得意の差が大きい
・周囲の生徒と同調する動き（体操やダンス）がにがて
・実験などのやり方や結果にこだわり、次の作業に移れない
・質問の意図とずれた回答や、不規則発言が多い
・急な時間割変更や教室変更に対応できない
・場の雰囲気や暗黙のルールをくみ取れない
・人の話を字面どおりに受け止める
・丁寧すぎる言葉づかいをしたり、意図せず相手を不愉快にさせる発言をしたりする
・順番を待つのが難しい

　例えば、表面に現れる生徒の様子として、「授業中にボーっとしていて積極的に参加せず、授業と関係ない発言ばかりしていてやる気がみられない」という場合、以下のような仮説を立てることができます。

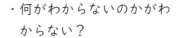

発達障がいの特性と仮定すると？
・わからないことを人に聞くことがにがて？
・授業に集中したいのに周りが気になってしまう？
・教科の特性によって理解度が違う？
　　　　　　　　　　…など

認知面・知的発達の課題と仮定すると？
・何がわからないのかがわからない？
・学習内容が定着していない？
　　　　　　　　　　…など

その他の可能性は？
・食事や睡眠などの生活リズムの乱れ？
・自分が困っているという自覚がない
　　　　　　　　　　…など

愛着形成の課題と仮定すると？
・ふざけて友人や教員の注意を引きたい？
・負の経験（自己否定や失敗経験）が積み重なり、やる気がでない？
　　　　　　　　　　…など

このような行動を繰り返す生徒は、周りから「困った生徒だ」とみられてしまうことがあります。しかし、本当に困っているのは生徒自身です。このような様子がみられる生徒に対し、「何回も注意してわからせる」、「できるまで何度も繰り返させる」という一方的な指導・支援を行うと、生徒の前向きな気持ちを失わせ、自尊感情の低下を招くことにもつながります。表面に現れる生徒の様子や行動ではなく、「その背景に何があるのか」に着目しましょう。

コラム 5 　大阪府における取組み「高校生活支援カード」　その2

【カードは誰のためもの】

　「高校生活支援カード」はすべての府立高校で導入されるまでに、多方面の協力により試行錯誤を繰り返して作成されました。特に、質問内容はどうしても教員の立場で聞きたい、知りたい情報に偏ってしまいがちでした。例えば、「できないこと」を問う質問ばかりであるなど、まだ信頼関係ができていない相手に伝えなければならない当事者の不安な気持ちに想いが至らない内容も、当初は含まれていました。

　このカードの情報だけでは不十分、もっと聞きたいことがあるという意見もあると思います。しかし、このカードですべてを網羅しようとするのではなく、面談などの機会を活用した「相互の対話」をとおして、不足していると感じる部分を補っていくことが大切です。本人・保護者の想いを高校の教員が引き継ぐ役割があることを意識することが、より一層カードの活用を進めることになるでしょう。

【自尊感情の変化を意識した活用例】

　ある府立高校では、適切な支援の実現を図るために、「高校生活支援カード」に自尊感情を測る項目を追加し、入学時のすべての生徒の自尊感情を把握する取組みを行っています。自尊感情は、行動力をあげたり、新しいことにチャレンジする意欲を高めたりするための大切な要素の一つです。自尊感情の変化を把握することで、障がい等による困難の克服や生徒の得意な能力の向上、さらに可能性を引き出す指標となると考えることができます。

　この学校では、この取組みを通じて、小中学校等で適切な支援を受けてきた生徒は、自尊感情が高い傾向にあるということがわかってきたそうです。そこで、生徒の自尊感情をふまえ、学校行事や放課後実施する同好会など体験的な活動を活用し、スモールステップを繰り返しながら、生徒の自己理解、自己実現へ向けて支援の充実を図っています。

③　生徒の実態把握

　生徒一人ひとりへの適切な指導、必要な支援を行うための目標や支援のてだてを決定するためには、生徒の状況を様々な方法で把握する必要があります。

　実態把握の方法は、大きく分けて３つあります。いずれの方法においても、生徒の「にがてなことや不得意なことを明らかにする」ことが目的なのではなく、「得意なことや、潜在しているよさを明らかにする」ために行うという観点が大切です。

●行動観察による実態把握

　生徒の様子を観察、記録し、分析することで行動の特性や発達の状態を把握します。このとき、授業中と休憩時間中の比較や、教科ごとの取組みの状況を比較するなど、学校生活のそれぞれの場面における違いを整理することで、より的確な把握につながります。生徒がどのような状況で、誰に対して、何をしたのかについて、詳細に観察することが大切です。

行動観察における主な観点

文　字	字の大きさやバランス、線の滑らかさ、筆圧、形の正確さ、表記の正確さ、消し方
作　文	文量、内容（テーマ、文法、語彙、表現技法、展開）
作　品	テーマ、形のとり方、構成、作業の正確さ・丁寧さ、色づかい
姿勢・運動	姿勢のとり方や持続、体の動きの滑らかさ、道具（筆記具、楽器・はさみなど）の扱い方、運動技能、他者との距離
身だしなみ	洋服の着方、靴や靴下のはき方、髪型、衣服の汚れ・におい
持ち物管理	ロッカー・鞄・机の引出しの中の状態、机上の状態、机周りの状態、課題等の提出状況、登下校時の持ち物の状況
意欲・積極性	自発的な取組みの程度、指示への対応の様子
注意・集中	注意の向け方、持続の程度
教員との関係	教員からの働きかけに対する反応、生徒から教員への働きかけの内容や様子
友人との関係	友人の言動に対する反応の様子、相手への関わりの様子、グループ活動での様子
学習中の様子	指示や内容の理解、記憶の保持の程度、発言（発音、内容、説明の仕方）、音読の流暢さ・正確性、計算問題の解答状況、手順や段取り

●情報収集による実態把握

　本人、保護者から、成育歴や障がいの状況、療育、教育歴、家庭での様子などを聞き取り、学校生活以外の場面での様子を把握します。これらの聞取りは、意図を明確に説明し、本人・保護者の理解を得ながら行うことが大切です。

　また、生徒の実態をより的確に把握するためには、担任だけでなく当該学年以外の教員や部活動顧問など、より多くの教員からの情報を収集することも有効です。担任が気づいていない生徒の一面や行動を把握することで、新たな支援のてだてを見つけることにもつながります。

コラム　6　校内支援会議における情報共有の取組み例

　教員間の日ごろの会話やケース会議等をとおして、生徒の情報を共有したり意見交換したりすることは、教員間の連携を高めるために重要なことです。特に、関係者が集まる「ケース会議」は、困っている生徒への気づきと、具体的な指導・支援のてだてを検討するために有効な方法です。限られた時間でたくさんの情報を共有するために、次の2点を意識して会議を進行することが大切です。

●拡散的思考のプロセス

　気づきや意見をとにかく多く出し合うことに重点を置きます。拡散技法として主なものには、ブレインストーミングがあります。気づきや意見に対する是非や結論を求めることは慎み、自由な発想で意見を出し合いましょう。誰のどのような気づきや意見も、まずは肯定的に受け止めることがポイントです。

●収束的思考のプロセス

　拡散的思考のプロセスで得られた気づきや意見同士の共通項を探したり、まとめあげたりするのが「収束的思考のプロセス」です。収束技法として主なものには、ＫＪ法やクロス法などがあります。これらの技法を用いて気づきや意見を論理的に意味づけし、構造化を行うことで、生徒の困りの中核に迫ることができ、より効果的な指導・支援のてだてを決定することができます。

【取組み例】

　Ａ高校では、校内支援会議において生徒の情報を共有する際、担任からは実態把握で得られた情報を説明し、教科担当教員などからは、担任が説明していない生徒の行動について情報を出し合っています。また、生徒と直接関わっていない教員からは「○○の場面ではどんな行動をしますか？」などの質問を行います。このように普段接する機会のない教員が生徒の実態を掘り下げる役割を担うことで、生徒情報を共有するだけでなく、何気なく見逃していることや新たな気づきにつながります。

　その後、様々な場面における生徒の状況を「学校生活の場面」や「困りの内容」などで分類し、板書等を活用して関係者で共有し、多角的な視点からの実態把握により具体的な支援のてだての検討につなげます。

●**検査による実態把握**

　検査では、生徒の情報の受け止め方、感じ方、理解の仕方などの認知的な特性などの詳細を把握することができます。しかし検査は「とりあえず受けてみる」というものではありませんし、「検査をすれば何が問題になっているのか明らかになる」、「困っていることへの具体策がわかる」というようなものでもありません。

　行動観察や情報収集による生徒の抱える困難さやつまずきへの気づきをもとに、目的に合った検査を選んで生徒一人ひとりの得意な部分やにがてな部分を把握し、得意な部分を学習の導入やきっかけづくりに活用するなどして意欲の向上につなげたり、にがてな部分から「つまずきのメカニズム」を把握し、指導上の配慮や支援のてだての検討につなげたりすることが大切です。

高校段階で活用できる各種検査の例

領　域	内　　　　容
知　能	知能の水準や個人内の偏りを把握する ●ウェクスラー式知能検査（WISC-Ⅳ、WAIS-Ⅳなど） ●田中ビネー知能検査Ⅴ　など
認知過程等	認知過程を包括的に分析したり、想定される困難さ（聴覚音声系・視覚運動系）に特化して発達水準を把握したりする ● KABC-Ⅱ心理・教育アセスメントバッテリー ● DN-CAS 認知評価システム　など
行動・社会性	障がいに特有の状態を把握するなど、気づきや観察からさらに焦点を絞った評価を行う ●自閉症スペクトラム指数（AQ）日本版（成人版） ● ADHD の診断基準に基づく「ADHD-RS-Ⅳ」 ● ASA 旭出式社会適応スキル検査

④　**愛着形成の課題について**

　幼少期になんらかの要因により、大人との良好な関係づくり（愛着形成）ができなかった場合、その課題が行動面に現れることがあります。

　愛着形成の課題を抱える生徒の行動と発達障がいの特性による行動は見誤る可能性があるため、生徒の行動の背景をふまえたアセスメントが必要です。

【参考】愛着形成に課題のある子どもの様子例
・相手とほどよい距離がとれない（近すぎる／遠すぎる）
・こだわりが強く、「好き」と「嫌い」がはっきりしすぎている
・注意を受けたときに、その理由や相手の意図を汲めない
・周りに助けを求めようとせず、自力で頑張りすぎてしまう
・ストレス対処がにがてで、体調不良を起こしたり違法行為をしてしまったりする
・向上心や自己肯定感が乏しい　　など

新しいことにチャレンジするときに、困ったときや、失敗したときに戻ることができる環境があると、誰でも安心して取り組むことができます。愛着形成の課題を考える際に、安心できる環境のことを「安全基地」という言葉で表現されています。子どもにとって「良い安全基地」の条件として、次の5つのポイントがあげられます。

●良い安全基地の5つのポイント

安全感が保証されている	困ったり失敗したりしたときに、一緒にいても傷つけられることがない
感受性・共感性がある	困っている人が感じていることや、求めていることを察して共感できる
応答性がある	困っている人が助けを求めたときに応じられる
安定性がある	安全基地での対応が、その場の気分や都合で変わらない
何でも話せる	困っている人が素直に自分の困難さを話すことができる

この5つのポイントは、後述の「安心して学べる集団」にも共通することです。

応答性や安定性の高さは、困っている生徒の「相談できる」、「理解してもらえる」という安心につながります。そのためには、相手に共感することがポイントです。困っている生徒に共感することができなければ、意図せずに相手を傷つけたり、本来のニーズと違う対応をしてしまったりすることにつながりかねません。

しかし、安全基地は「何でもしてあげる場所ではない」ということも、認識しておくことが大切です。例えば、相手が求めていないことや、求めていないときに余計な援助を与えることは、生徒の主体性を損なうことにつながります。困っていることに共感し、本人が心のなかで求めていることを言い出せないときに察して、さりげなく支援する「ナチュラルサポート」が大切です。

クラス運営において、教員が良い安全基地のポイントを意識し、生徒が「自分にとって信用・信頼できる大人が学校にいる」、「クラスが安心できる場所である」ことを意識できるよう、日ごろから安心できる環境を整えることが大切です。

（2）有効な支援体制づくり

①　校内支援体制の構築

担任や教科担当者が発達障がいのある生徒の困りに気づいたとき、周りの教員と積極的に情報共有できる校内体制を整えておくことが重要です。教員によって生徒への対応や言葉かけの仕方など、指導・支援の方法が異なると、生徒が混乱したり、保護者の信頼を損ねたりすることにもつながりかねません。個々の教員の気づきを他の教員と共有し、一人で抱え込むのではなく、学校全体で生徒の学習上・生活上の困難の改善に向けてどのような支援のてだてを講じるかを検討し、生徒を支えることが大切です。

教員一人ひとりの気づきを学校全体で共有し、校内支援を組織的に行うことは、授業や教

室環境のユニバーサルデザインの取組みなどの基礎的環境整備が充実し、発達障がいのある生徒を含む、すべての生徒への支援につながります。

②　支援教育コーディネーターの役割

学校全体で組織的な支援を行うためには、教員間や関係機関との効果的な連携が重要です。支援教育コーディネーターは、担任や教科担当者と、周りの教員や校外の支援者との「つなぎ役」を担います。

生徒・保護者からの相談や、担任や教科担当者の気づきの共有があれば、支援教育コーディネーターは担任等と連携して情報を集約し、生徒の抱える困難さや、必要と思われる支援を整理します。また、校内支援体制の要となり、教科、校務分掌、各種委員会との連携の窓口となります。

さらに、必要に応じて校内研修を企画・運営して教員の理解を深めたり、校外の研修会や研究会の情報提供を行ったりすることも大切です。

●支援教育コーディネーターの役割

校内における役割
- ・校内委員会の運営及び情報収集
- ・ケース会議の運営及び情報収集
- ・担任、教科担当者等への支援
- ・校内研修の企画・運営
- ・発達障がいに係る研修や研究発表会などの情報提供　　など

校外における役割
- ・関係機関等の情報収集・整理
- ・支援学校及び専門機関等へ相談する際の情報収集と連絡調整
- ・保護者からの相談窓口　　など

③　高校と支援学校の効果的連携

高校に対する支援学校のセンター的機能は、双方向の効果的連携によってより充実したものになります。発達障がいのある生徒についても、支援学校の専門性や仕組みを活用することで、生徒の自己理解を深めていく取組みにつなげることができます。

高校には、集団性を基盤とした指導・支援のノウハウがあり、支援学校には、個別性を基盤とした指導・支援のノウハウがあります。いずれも、支援教育の実践において大切な観点であり、それぞれの観点をふまえたアプローチのバランスをどのようにとっていくのかが重要となります。

支援学校には、個々の生徒が自立をめざし、障がいによる学習上又は生活上の困難を主体的に改善・克服するために必要な知識等を養う「自立活動」の領域があります。新学習指導

要領でも、高校における障がいのある生徒の指導・支援に当たり、支援学校の自立活動を参考にするようにとの内容が盛り込まれています。

　そのためには、高校と支援学校の継続性のある双方向の連携が重要となり、両校の校長のリーダーシップのもと、具体的な連携の仕組みを構築する必要があります。高校には、窓口となる支援教育コーディネーターや校内委員会が設置されていますが、その枠組みだけにとらわれず、学校間の継続的で円滑な連携の仕組みが重要となります。

　また、生徒への指導・支援については、互いの学校の制度や枠組みの違いにこだわるのではなく、生徒の困りを中心にすえ、生徒の実態把握（アセスメント）を基盤に具体的な支援のアプローチを構築していくことが大切です。高校の教員の主体的なアプローチが重要であ

コラム 7　校内支援体制の構築　その1　－学校全体で生徒を支える－

　ある高校では、生徒・保護者からの相談や、担任をはじめとする関係教員等の気づきによって、何らかの支援を検討することが必要と判断した場合、まずは担任会議や学年会議で生徒の状況を共有します。その後必要に応じて支援教育コーディネーターが中心となる校内支援委員会での情報共有を経て、校内の関係分掌や委員会とも連携しながら、「より正確な実態把握」、「具体的な支援内容の検討」、「校内での適切な理解促進や研修計画」、「教職員や保護者などへの情報提供や理解啓発」などが行われます。

　また、外部関係機関等との連携によるケース会議等を実施し、学校全体で共通理解を持って支援に当たっています。

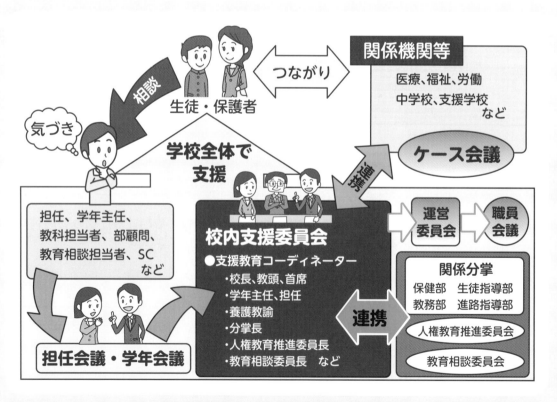

ることはいうまでもありませんが、相互連携による多様なアプローチが生徒の変容や成長につながり、そのことを実感することで、さらなる連携の充実につながっていくことになると思われます。

　この他、発達障がいのある生徒が卒業後に利用できる福祉サービス制度の活用や持続可能な支援のための関係機関と連携等のノウハウが支援学校には蓄積されています。このような生徒の卒業後をみすえた支援においても、担当者間ではなく、学校間の連携と位置づけ、ユニバーサルデザインの観点をふまえた仕組みづくりなど、生徒を中心にすえた連携が求められています。

コラム　8　校内支援体制の構築　その2　－ひとりで抱え込ませないで－

　校長には、高校における支援教育推進の責任者として、発達障がいのある生徒への指導と支援が一部の教員の取組みとならないよう配慮し、校内体制を整える役割があります。

　発達障がいのある生徒の指導・支援を進めるとき、本人・保護者や関係教員の窓口となり、対応に当たるのは、担任または支援教育コーディネーターであることが多くなります。このとき、学校体制が整っていないと、対応を任された教員が一人で悩み、抱え込んでしまい、指導・支援がうまく進まなかったり、トラブルに発展したりすることにつながります。

　そうならないためには、情報共有ができる体制や、校内組織を有機的につなげる工夫が必要です。これがうまく機能すれば、学校全体で発達障がいのある生徒への対応についての理解を深めることができます。

　そこで、まず考えられるのは、対応策・支援策をそれぞれ校務分掌に位置づけ、それを明確化することです。例えば、進路に関わることは進路指導部の業務に位置づけ、進路担当教員が、就職の場合であれば職場実習の準備から面接、内定に至るまで、必要に応じて障害者雇用制度の活用も視野に入れた働きかけをします。進学であれば大学の相談窓口との連携を進めます。その他、学校生活における指導であれば生徒指導部、履修に関することは教務部で、といったように各分掌が担当として主体的に支援と指導を行います。このように各分掌が担当することで、当然、生徒情報の共有が必要になり、日常的な相談や、取組みに向けた会合を持つ機会が増加し、学校全体の組織的な取組みとなります。

　さらに、職員室の配席を工夫することも大切です。例えば、支援教育コーディネーターの席を、学年主任や生徒指導主事、教務主任の隣に配しておくといったように、学校の状況に応じて、多くの教員が相談等のために来やすい場所、相談されたらすぐに他の先生に共有できる席にしておくことも有効です。

　困っている生徒を学校全体で支える仕組みができていれば、すべての教員が困っている生徒に早期に気づくことができ、気づきをすぐに学年や分掌等で共有し、それぞれの役割のなかで指導・支援に取り組むことができます。このサイクルを作ることが大切です。

　校長には、自校における支援教育が学校組織全体の取組みとなるよう、校務分掌への明確な位置づけや校務内容の教職員への周知・理解を図り、一部の教員に任せない指導と支援のサイクルづくりに取り組むことが期待されています。

（3）個別の教育支援計画・個別の指導計画の作成と活用

① 個別の教育支援計画の作成

「個別の教育支援計画」は、保護者とともに、必要に応じて関係機関と連携しながら、生徒を支えるということを基本に作成を進めます。作成した計画は、校内委員会やケース会議等で積極的に活用するとともに、生徒の状況等に応じて適宜見直しを行いながら、次のステージにつなげるという視点が重要です。

また、生徒に関わる様々な支援者（教育、医療、福祉等の関係者、保護者など）が、それぞれどんな支援を行ってきたか等の情報を共有し、長期的観点でこれからの支援の目標や内容を明確にするとともに、学校における合理的配慮についても記載しておきます。

作成に当たっては、その意義を本人や保護者に説明し、十分理解を得ます。学校以外の関係機関から情報を収集する際には、本人や保護者の同意を得ることはもちろん、記載した内容については、必要に応じて関係機関と共有することや、スムーズな移行支援を行うために、転学先や卒業後の進路先にそれまで行われてきた支援の内容を引き継ぐことなどについても理解を求め、確認をしておきましょう。

●作成と活用のポイント

・学校と家庭との支援方針について共通理解を図り、「個別の教育支援計画」の活用方法について、保護者と共有しましょう。

・校内委員会や医療・福祉等の関係機関を交えたケース会議等で活用し、効果的な支援について検討しましょう。

（資料編 110 ページ〜 114 ページもご覧ください）

② 個別の指導計画の作成

「個別の教育支援計画」をふまえ、具体的な指導目標や指導内容を盛り込んだ「個別の指導計画」を作成します。

個別の教育支援計画と比べて短期間で取り組むものであり、各教科でできる取組みをもとに、学期ごとに目標の設定や支援のてだての見直し等を行います。また、作成した個別の指導計画に加え、教科で使用した教材や学習の様子の記録、教室環境の工夫等を併せて保管しておきましょう。こうした資料やメモ等の蓄積が生徒の支援に有効な情報となります。

（資料編 116 ページ〜 119 ページもご覧ください）

コラム　9　大学入試センター試験における受験上の配慮

　現在、大学入試センター試験では、病気・負傷や障がい等のために受験上の配慮事項の対象として発達障がいが規定されています。受験上の配慮申請に必要な書類としては、「医師による診断書」及び「状況報告書（発達障害関係）」の提出が求められています。状況報告書は、高校において行った配慮を具体的に記載する様式となっており、個別の教育支援計画・個別の指導計画を作成している場合は、申請書と併せて提出することとなっています。つまり、高校において個別の教育支援計画等に基づき行われてきた配慮実績から、大学入試センター試験の配慮内容が検討されることとなります。

令和２年度大学入学者選抜　大学入試センター試験　受験上の配慮案内
〔障害等のある方への配慮案内〕より抜粋

発達障害に関する配慮事項
　・試験時間の延長（1.3倍）
　・チェック解答
　・拡大文字問題冊子（14ポイント／22ポイント）の配付
　・注意事項等の文書による伝達
　・別室の設定
　・試験室入口までの付添者の同伴

　このように、大学入試センター試験における受験上の配慮申請には、高校の定期考査等で行われてきた具体的な配慮（例えば、定期考査等において、どのような支援や配慮があれば本人が力を発揮でき、適正に評価できるのか　など）が、個別の教育支援計画や個別の指導計画に記載され、組織的に取り組まれていることが前提となることから、作成と活用について、生徒・保護者・教員で共通理解を図りながら取組みを進めることが大切です。

③ 効果的な引継ぎ

●中学校等から高校への引継ぎ

　取組みの成果や課題、継続すべき支援の内容や、学びの場が変わることで見直しが必要な事項についても、丁寧に引き継いでいきましょう。また、学びの環境が変わると、生徒のニーズや困りも変わる可能性があることも十分留意しながら引継ぎを行うようにしましょう。

●高校卒業後の進路先への引継ぎ

　障害者差別解消法の施行に伴い、高校卒業後の進路先（大学、専門学校、企業等）においても「合理的配慮」の取組みが進められています。

　合理的配慮は「障がいのある人から、社会のなかにあるバリアを取り除くために何らかの対応を必要としているとの意思が伝えられたときに行う」とされており、どんな配慮が必要なのかを明確に伝える必要があります。

　高校では、急な予定変更や教室移動など様々な場面で、教員や友人のさりげないサポートによってうまくいっていたことが、大学等や就職先での環境の変化によりつまずくケースがあります。進路先での生活に円滑に移行するためにも、高校での学習環境や受けていた支援、合理的配慮の内容などを個別移行支援計画に明記して、進路先に確実に引き継ぐとともに、生徒自身が主体的に配慮を求められるように相談窓口の確認や根拠資料を揃えておくことが大切です。

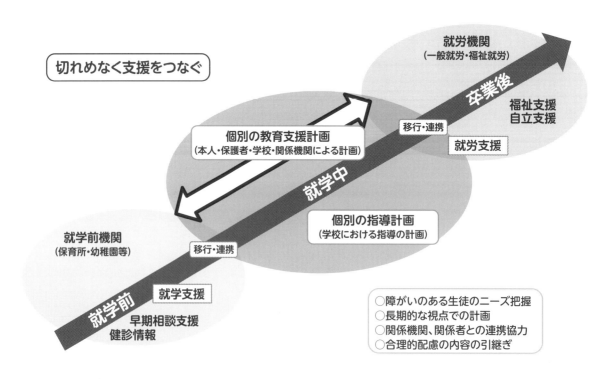

コラム 10　中学校から高校への引継ぎについてのそれぞれの思い

　大阪府では平成 27 〜 28 年に文部科学省事業「発達障害の可能性のある児童生徒等に対する早期・継続支援事業（系統性のある支援研究事業）」を受託し、発達障がいの可能性のある児童・生徒に対する支援に向け、各学校段階の移行期における円滑かつ適切な引継ぎの方法・時期等に関する調査研究を行いました。

　有識者等による調査研究協議会では、中学校から高校への引継ぎに当たっては、就学前施設〜小学校〜中学校の移行期と異なる特有の課題として「入学者選抜を伴うこと」、「学校の設置者が変わること」、「高校へは広域の中学校等から進学してくること」をあげ、引継ぎに対して予想される中学校と高校の意識等をまとめました。

・入学者選抜の合否への影響や、進学先で誤った先入観を持たれるのではないかと考え、早期の引継ぎは不安
・入学者選抜の配慮事項について、早い段階から相談したい
・引継ぎをしたいのだが、相談窓口がわからない
・高校ではどのような支援体制がとれるのか知りたい
・どこまでの内容を引き継いだらいいのかわからない　　など

・入学決定後の早期からの支援のために、必要な情報をできるだけ早く把握したい
・困りが起こりやすいところや、どのような支援が効果的だったのかを具体的に知りたい
・引き継いだ内容のうち、どの部分が必要な情報かわからない
・入学してしばらく経ってから、知りたい情報が出てくることがある　　など

中学校　　　　　　　　　　　　　高校

　これらの思いをふまえ、効果的な引継ぎのためには、本人・保護者と相談し、事前に進路先と引継方法や内容、時期について調整しておくことが重要です。

（４）「ともに学び、ともに育つ」教育の意義（集団づくり・仲間づくり）

　生徒間のつながる力を育成するという観点は、すべての取組みの基礎となります。発達障がいのある生徒は「集団がにがて」、「一人で過ごすことを好む」という一面的な考えや、集団での活動はなじまないと考えることは適切ではありません。いずれ、すべての生徒が卒業後に地域社会で共生することを念頭に置き、「互いに理解する」、「互いに支え合う」ことを学校での学びにおいて生徒が実感できる取組みを進めることが大切です。

①　教員が率先して関わり方のモデルとなる

　ホームルームや教科指導など日常の場面で困りのある生徒に対する教員の接し方（うながし方、褒め方、注意の仕方など）から、周囲の生徒は困っている友人への声かけや支援方法を学ぶことになります。これは、生徒どうしが良好な関係を築くための第一歩です。

　生徒にとって、全教員がロールモデルとなることができるよう、事例検討会や校内委員会での情報共有を通じて、共通認識を持っておくことが大切です。

②　安心して学べる集団づくり

　高校での学びはクラスをはじめとする「集団での学び」が基本となります。集団での学びは障がいのあるなしにかかわらず、すべての生徒にとって大切な学びの環境であり、「ともに学び、ともに育つ」教育の基本となるものです。

　安心して学べる集団づくりには、次の３つの観点をもとに、生徒一人ひとりの状況と、生徒を取り巻く環境を丁寧に把握することが大切です。

違いを認め合える集団

失敗に共感できる集団　　　　　　　「よさ」に気づき合える集団

●違いを認め合える集団

　人によって物事の感じ方や考え方に違いがあることを知り、そのうえで、互いを認め合える関係性を築くことが大切です。自分とは違う考え方や意見を知ることは、自己理解を進めるためにも重要なことです。

●失敗に共感できる集団

　失敗などをして困っている人に対し、傍観したり、無視したり、責め立てたりせず、自分の体験や経験を重ねることで、「自分が相手の立場ならどんな気持ちか」など、その人の気持ちを汲んで接することは、すべての人が安心できる雰囲気づくりの重要な要素です。

●「よさ」に気づき合える集団

　相手のよいところに気づくためには、まず、困っている生徒に対し、周りの生徒が「困った人」、「変わった人」などの見方や、相手の行動に対して否定的にとらえない環境をつくることが必要です。生徒どうしが相手の「よさ」に気づき、積極的に相手に伝えることが自然に行われる集団にするためには、まず教員がすべての生徒に対して「よさ」を発見し、集団のなかで積極的に発信していくことが大切です。

　集団づくりは自然な流れに任せるのではなく、発達障がいのある生徒をはじめ、周囲の生徒の状況も把握したうえで、教員が積極的に働きかける必要があります。とりわけ、生徒が間違いや失敗をしたときに、否定的にとらえず、共感して一緒に考え、支えられる集団や、違いを受け入れることができる集団を形成することが、安心して学べる場につながります。そのためには、日常的な場面での生徒どうしの関わりによる他者の困りを共有する感性や、他者に寄り添う気持ちを育むことが求められます。

　授業のグループワークや行事など、皆が一緒になって活動する場面を活用し、様々なてだてを考えながら生徒たちに働きかけ、教室や学校を安心して過ごすことができるような場にすることは、発達障がいのある生徒に限らず、すべての生徒にとっても安心できる居場所になり、周囲の生徒の成長にもつながります。

③　環境変化をきっかけとした自己理解の促進

　高校では学年の進行に伴って選択科目が増加し、学びの集団が変化する機会が多くなることがあります。集団づくりは、このような環境の変化を意識して取り組む必要があります。

　とりわけ、対人関係ににがて意識のある生徒の高校卒業後の社会参加を考えたとき、多種多様な集団での学びを活用した指導・支援のてだてが有効になるときがあります。例えば、生徒の得意なことや興味を持っていることを教員が引き出し、クラブやサークル活動等の機会を活用して、共通の物事について他者と協力したり、話し合ったりすることで、コミュニティを形成することも一つの方法です。また、学校外の様々な年齢の人と関わることで、同

年代の生徒との関わりとは異なる姿を見ることもできます。

　生徒間のコミュニケーション上のトラブルを回避するために、固定された集団だけで活動させるのではなく、環境変化による生徒の新たな一面に気づくきっかけととらえ、教員がコーディネーターとなって意識的に多様な集団でのつながりを促進しましょう。

④　集団場面を活用した自己理解

　発達障がいの特性によるつまずきが「生徒間の人間関係等のトラブル」として現れることで、初めて教員の気づきにつながることも多くあります。このような際に教員の一方的な介入でトラブルの解決を図ったり、周囲の生徒の気持ちや意見を抑え込んでしまったりするような対応をすると、「あの子と関わると面倒だ」などの意識が生まれ、せっかくの生徒どうしの関わりが減ってしまうおそれもあります。

　例えば、ある生徒が他の生徒の困っている状況を自分の経験と重ねることで、決して自分とは無関係な存在ではなく、むしろ自分とつながる存在であることに気づくことは、生徒間のつながりを深めようとするうえで重要な場面となります。このように他者に共感する力を育むためには、生徒間での気づきや、思いの共有、互いに理解を深めていくことができる環境を整えることが大切です。

　生徒間の人間関係のトラブルを「自己理解や他者理解を図る絶好のチャンス」ととらえ、

コラム　11　つながる力の育成　－仲間づくり－　その1

　対人関係において、その場の雰囲気をとらえることがにがてな場合、「先輩と後輩」、「教員と生徒」のように、年齢差や立場の違いなどの区別がはっきりしている方が、自分の行動の仕方を理解しやすいことがあります。

　しかし、卒業後の就職先で、入社当初のように自分の立場や役割が明確な間は比較的人間関係をスムーズに進められていたのが、経験を重ねるなかで責任ある仕事を任されるようになると、上司や部下、取引先などの新たな人間関係での困りや戸惑いがみられることがあります。

　在学中にこのような人間関係の広がりを経験しないまま就職すると、さらに職場での人間関係は難しくなります。

　高校生活においては、本人の状況をよく見定めながら、多様な集団での生活のなかで様々なコミュニケーションを経験することが必要となります。特に、総合的な探究の時間やLHRでは普段と違う集団や場面の変化があります。また、学校行事等の学年縦割りでの取組みや、放課後に同じ目的や意識を持った異年齢が参加できるサークル活動、イベントを通じた地域コミュニティへの参加などの取組みを設定するなど、生徒の状況に応じた集団での活動を通じて、就労など将来の自立に向けた自己理解の育成と「つながる力」の育成を意識した仕組みづくりを考えましょう。

教員が間を取り持ちながら、「折り合いをつけるポイント」を探り、両者が納得しながら問題を解決できるように努めることで、それぞれの生徒にとって卒業後の社会生活を送るための大切な力を育成することにつなげましょう。

⑤　生徒間での気づき合い

生徒が一人ひとりの「よさ」に気づき、認め合い、共感することができる集団は、すべての生徒にとって安心して学ぶことができる集団といえるでしょう。発達障がいのある生徒の「困り」や「つまずき」をきっかけに、周りの生徒も「自分にとってにがてなことは何だろうか」、「つまずいたときに自分はどうしているだろうか」と、自己理解を深めることができるような働きかけを、教員がうながすことが大切です。

障がいのある生徒だけでなく、生徒一人ひとりが「自分の課題」と向き合い、その過程で自分が頑張れていることや他人のよいところに気づくことが、ともに学ぶ仲間づくりの根幹となります。

（5）保護者との連携

保護者との信頼関係の構築は、生徒への指導・支援をスムーズに行ううえで欠かすことができません。これは、障がいのあるなしにかかわらず、すべての生徒への指導や支援にも共通することといえます。保護者との連携では、「子どもの成長を保護者とともに支えたい」というメッセージを常に発信し続けることが大切です。

例えば、学校からの提案や指導について保護者からの否定的な意見を受けた際にも、その反応の深層には何があるのか、保護者のニーズや不安、困りは何なのかについて思いを巡らすことが必要です。生徒の成長を中心にすえて、「今、子どもにとって最善の方策は何か」、「子どもが安全で安心な学校生活を送るためには何ができるか」などを、保護者と一緒に考える姿勢を持ちましょう。

保護者との対話の機会を十分に確保し、生活背景や保護者が抱えている「子どもへの思いや不安」に共感しながら話を聞くとともに、学校でみられる生徒のよいところを日ごろから積極的に伝えていくことが大切です。

（6）キャリア教育の充実に向けて

①　困っている生徒への指導・支援のために

発達障がいのある生徒の困りについて、生徒自身が「何が原因で困っているのか」を理解できていないケースでは、教員もどのように対応すればよいのか悩んでしまうのではないでしょうか。このようなときには、起きている事象をスタート地点として、どんな要因があるのかを細分化し、分類していくことで、具体的な支援策にたどり着くことがあります。

例えば、「課題が提出できない」という事象一つとっても、個々の生徒の状況に応じて支援方策は様々であり、どのような支援が最も効果的かを考える必要があります。事象が起こ

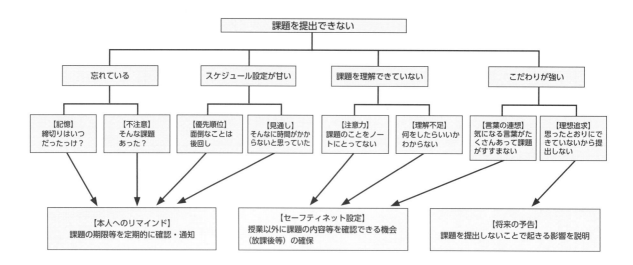

る要因と考えられる事柄や、それに対する生徒の気持ちや考えを分析すると、いくつかの支援策のきっかけが見えてくることもあります。

　発達障がいの特性による困りは、周囲の環境によって強くも弱くもなります。高校生活においても、「平常時の教室での授業」と「学校行事前のクラス活動」では、活動場所の範囲や周囲の音量、周りの生徒との交流度合いなど様々です。生徒のつまずきに対するケアだけでなく、環境や気分の変化による「自分の傾向」に気づくことができるように、様々な場面での生徒のエピソードを集め、傾向と対策を一緒に考えることが、生徒の自己理解を進めるうえで大切です。

②　生徒の成長に合わせて変化する支援

　生徒の困りに対して、教員の気づきから支援がスタートした段階では「スムーズに日常の学校生活を過ごすためにはどうしたらよいか」ということが観点になっているかもしれません。

　高校では、1日の大半をクラスの友人とともに過ごすことから、何気ない周囲からの声かけや、一緒に行動することによる自然な支援（＝ナチュラルサポート）が結果的に助けになっている生徒が潜在している可能性があります。

　一方、卒業後、大学等への進学や企業等への就職など、これまでの学びと異なる環境のなかでは、自分の困りに対する合理的配慮を積極的に求める必要が生じることも想定されます。このようなとき、身につけておくべき力となるのが、生徒自身が「困っていること」、「助けてほしいこと」を相手に伝えるスキルです。何に困っているのか、どう助けてほしいのかを具体的に示し、それを誰に伝えるべきなのか、適切な方法を知らなければ、新たな環境での定着を図ることができません。

　生徒の困りに対して、その場をスムーズに切り抜けることだけでなく、生徒の成長に合わせて、主体的に合理的配慮を求める力の育成を意識した支援に切り替えていきましょう。また、他者に感謝の気持ちを伝えることの大切さや、自分が他者を支える場面もあることを意識できるように指導・支援を進めましょう。

③　生徒の自尊感情・自己肯定感を大切にする

　生徒の指導・支援を考えるとき、「自尊感情」や「自己肯定感」は重要なキーワードとなります。生徒が自分のことを大切にし、誇りに思えることは、日常生活における様々な取組みへの意欲に大きく関わります。

　自尊感情や自己肯定感が高いと、何事に対しても積極的に取り組むことができ、たとえ失敗しても「もう一回やってみよう」という前向きな気持ちにもなれます。結果、豊かな体験を積むことができ、さらに自分への自信へとつながっていきます。こうした前向きな気持ちは、自分だけではなく他者をも大切な存在として尊重する気持ちにも結びつきます。一方、自尊感情や自己肯定感が低いと、取り組む姿勢が消極的になり、取り組む前からあきらめたり、「どうせ何をやっても無駄」という負の感情が大きくなったりすることもあります。

　自尊感情や自己肯定感は、これまでの成長過程のなかで積み重ねられた経験に大きな影響を受けており、簡単に醸成できるものではないと思われるかもしれません。しかし、日々の学校生活のなかで、スモールステップによる達成感の積み重ねや、誰かから認められたという経験により、飛躍的な高まりがみられることがあります。

　卒業後の社会では、これまで経験したことのないたくさんの「初めてのこと」に遭遇し、成功することもあれば失敗することもあるでしょう。高校在籍中に生徒が自己理解を深め、等身大の自分を受け入れられるように支援することが大切です。

④　自己理解を進めるポイント

　生徒の自己理解をうながす際、生徒の抱える困りだけに注目し、にがてなことや不得意なことばかりを追求すると、かえって生徒が自分を受け入れる気持ちを阻害し、自尊感情や自己肯定感の低下を招いてしまうことになりかねません。実際、障がいの特性による困りを抱える生徒のなかには、これまでの失敗経験から、自分の短所や不得意なことはたくさんあげられるが、長所や得意なことは一つも思いつかないという生徒もいます。

　自己理解を進めるうえで最も大切なことは、「生徒が自ら気づく」ことです。教員からの一方的な指摘や教授では、自己理解を深めることには結びつきません。できることやにがてなことを明らかにするだけではなく、長所や短所、できることやできないことをすべて含めた「ありのままの自分」をかけがえのない存在として受け入れられるように指導・支援することが大切です。そのためには、様々な取組みを行う際、生徒が自分のよさや得意なところ、困っていることやにがてなところに自ら気づき、実感できる仕掛けを考えてみましょう。

　卒業後の自立や社会参加をみすえて、生徒自身が障がい特性による困難に気づき、対処法を身につけることは大切ですが、同時に生徒が自分のよいところや得意なことに気づき、それをいかす機会を意識的に創出することは、教員の大きな役割といえます。

●生徒（Aさん）の状況

・人との関わりや会話ににがて意識を持っており、相手と視線を合わせて話をする、人前で大きな声を出す、周りの生徒に対して自発的に話しかける、ということがほとんどない。

・手先の巧緻性が高く、家庭科での裁縫などの細かい作業は長時間でも集中して取り組むことができる。実験などの実習を伴う授業でも明るい表情で積極的に取り組むが、グループでの活動になると消極的である。

・手順を覚えて、そのとおりに行動に移すことができる。体を使うことが得意で、陸上競技などの単独種目では活発に活動する。サッカーなどのチーム種目では1か所にとどまっていることが多い。

●化学の時間での取組み

　教科担当者がAさんを含む数名を「教員サポーター」に任命し、授業時間中のプリント配付などの手伝いをお願いすることにした。ある授業で実験の手順の説明をAさんが担当することになり、前日の放課後に実験準備の手伝いを行うとともに、実験手順の説明を受けた。

　翌日、Aさんが教壇に立って実験の説明を行い、教員はビデオカメラでその様子を撮影した。グループごとに実験をする時間には、手順がわからず困っているグループのサポート役をAさんが担うとともに、Aさんが手順説明をしている様子を撮影したビデオを教室内のディスプレイで繰り返し再生し、すべての生徒がいつでも手順の確認をできるようにしておいた。

●取組みの効果

　Aさんの様子…クラスの生徒の前で、全員に聞こえるように話をする機会は本人にとってとても緊張したようだったが、最後までやり遂げることができ、安心した表情であった。説明時の手順・段取りが自分のイメージどおりにいかなかった部分もあったようで、少し悔しかったとのこと。次も同じような機会があればぜひやってみたいとの意欲をみせた。

　周囲の様子　…数人の生徒は「手先が器用なこと」、「実験のときはいきいきしていること」を知っていたが、ほとんどの生徒は「こんなにわかりやすく説明ができるなんて知らなかった」と驚いた様子であった。グループでの実験の時間には、Aさんに他の生徒が積極的に質問するなど、生徒間でのコミュニケーションが増えていた。

⑤　余暇活動の充実に向けて

卒業後の生活をみすえた重要なポイントとして「余暇をどのように過ごすか」があげられます。余暇活動はその人の「生きがい」や、日常生活でのストレスを発散し仕事や学業への活力の源となるものです。また、働く目的の一つともなり、長く働き続けるための原動力でもあります。

余暇活動の位置づけを具体的にするため整理すると、以下のようになります。

1次行動 （必需行動）	人間が生きていくうえで生理的に必要な活動 　（睡眠、身の回りのこと、食事など）
2次行動 （拘束行動）	生徒として行う義務的な活動 　（通学、授業、放課後の補習　など）
2.5次行動	生徒が自分で選択できるが、拘束性の高い活動 　（部活動、習い事、アルバイト　など）
3次行動 （自由行動）	生徒が個人の自由裁量で行う活動 　（移動（通学以外）、屋内外の遊び、スポーツ、ゲーム機で遊ぶ、学校の宿題、自主学習・練習、テレビ・DVD・音楽などの視聴、読書、携帯電話・スマートフォン・パソコンを使う、家族や友人と話す・過ごす、家の手伝い、買い物　など）

高校では上記の表の「2.5次行動」に示すような、部活動など決められた範囲内で自由に行動する機会があることが特徴的です。体験的な学びや放課後等をとおして、卒業後にも継続できる「気分転換の方法」を見つけておくことが、充実した社会生活につながります。

●自由時間の過ごし方を考える

発達障がいの特性によっては、決められたスケジュールをこなすことは得意ですが、「自由にしていい」、「適当に時間を過ごしていい」状況におかれると、どうしていいかわからなくなって混乱したり、自由にしていい時間とそうでない時間の切り替えができなかったりすることがあります。

自由な時間に何をするかを考えることは、何をしているときが楽しい気持ちになるかを考えることから始まります。学校での休憩時間や放課後、休日の過ごし方を教員とともに分析し、「楽しい気持ちになれること」、「ストレスを忘れられること」などを整理し、自分なりのストレス解消法や自由時間の使い方を意識できるようにしておくことが、社会に出たときに役立ちます。

また、余暇時間に応じた過ごし方（1時間程度や休日・連休など）を想定し、余暇活動を考えることと併せて給料の使い方も考え、「やってみたいことリスト」などにまとめておくことで、社会に出たときに余暇時間の過ごし方のガイドとして活用できます。

●放課後等の時間を活用した体験活動

余暇の過ごし方を考えるヒントとして、学校でできる体験活動に取り組んでみましょう。放課後の時間帯を活用し、生徒の状況をふまえてクラブやサークルでの活動に参加すること

や、同じことに興味を持っている生徒が少人数で集まって活動することが考えられます。

　ここでのポイントは二つあります。

　一つめは、自分で決めたことを体験することです。いつも他者から指示された過ごし方をしていては、生徒の「自ら楽しもう」という気持ちが育ちません。きっかけづくりとして教員からの働きかけは必要な場合もありますが、あくまできっかけとして、継続するかどうかは生徒が決められるようにしましょう。

　二つめは、体験の様子や感想を他者と共有することです。例えば「○○をしているときに、どのような気持ちだったか。」や「○○のとき、こんなことをしていたね。」など、体験の感想を共有することで、自分が楽しむことができていたか、またやりたいと思えたか、などの自己理解を深めることができます。

　同じ興味を持つ人とともに活動することで、体験をきっかけとしたコミュニケーションが生まれ、他者と思い出を共有するという体験も生まれます。教員は生徒の主体性を意識しながら、余暇スキルのトレーニングに一緒に取り組みましょう。

⑥　卒業後をみすえた関係機関との連携

　発達障がいのある生徒の高校卒業後の生活について、自分が抱えている困りの理解や、社会生活で遭遇するであろう困りについて理解を深めるとともに、「困ったときに、どこに行けば相談できるのか」を生徒自身が把握しておくことが大切です。その際、単に知識としての相談先を提示するだけではなく、高校在学中に、実習等を通じて体験したり、面談したりするなどの経験が伴うことで、生徒・保護者・支援者で、卒業後に受けられる支援について具体的なイメージを描くことができます。

コラム 13　つながる力の育成　－仲間づくり－　その2

　発達障がいのある人の就労支援では、就労から定着までの支援とともに余暇活動の支援が必要といわれています。社会のなかで暮らしていくには同世代の仲間と交流できる場所があることが望ましいとされており、そのための当事者団体なども立ちあげられています。

　卒業後の余暇活動の充実のためには、高校生活においても「つながる力」の育成は必要です。発達障がいのある生徒は、対人関係においても、「集団がにがて」、「一人でいるのが好き」と一面的に考え、集団での活動がなじまないと考えるは不適切です。発達障がいのある生徒をはじめすべての生徒が地域社会で生きていくうえで、「お互いに理解し、支え合う」ことを生徒どうしで実感することが必要です。

4　社会参加をめざして

（1）社会参加に向けた進路希望の整理

　進路指導の際には、「就職や進学により、生徒を取り巻く環境が高校と大きく変わる」ことを意識しておくことが大切です。特に、高校卒業後には「自己判断、自己決定」しなければならない機会が増えることになります。進路先の検討に加え、「困ったときに、他者に相談すること」を主体的に行うためにどうすればいいかを考えましょう。

　このとき、高校での状況をふまえ、卒業後の生活のイメージを本人、保護者、学校の三者で共有しながら進路支援を進めることが大切です。

（2）就職希望生徒への指導・支援の留意点

①　働くことを想定した支援

　発達障がいのある生徒の就労支援について、本人の特性やニーズに合った適切なジョブマッチングや、職場でともに働く人が発達障がいの特性による困りごとを理解し適切に支援することが重要なことはもちろんですが、困ったことが起きたときのことを想定し、相談することができる人や窓口を明確にしておくことや、そのような場面で自分がどのようにふるまえばいいかという対処方法について事前に学んでおくことも大切なことです。

　例えば、いつも利用する電車がトラブルで止まってしまったとき、「職場に報告のための電話をかける」、「職場の担当者につないでもらい、電車がトラブルで止まってしまったために、遅刻するかもしれないことを報告する」、「違う通勤方法（ルート）を探す」、「到着駅で延着証明書を受け取る」といった、いつもと違う行動を起こさなければなりません。

　「いつもと違う」ときに適切な対応がとれないことが重大な人間関係のトラブルに発展することも多くあります。適切なジョブマッチングだけでなく、通勤や余暇の過ごし方等を含め、「こんなことが起きたらどうする」というシミュレーションをして、本人、保護者と社会参加のイメージを共有しておきましょう。

②　就労に向けたスキル　～職業準備性～

　就労に向けたスキルの状態を表す指標として「職業準備性」という考え方があります。働くための大切な力として、挨拶や身だしなみ、いわゆる報・連・相などの「基本的労働習慣」や、他者との良好な関係を築くためのコミュニケーションといった内容は、業務の内容にも直接関わってくることから、必要性をイメージしやすいでしょう。

　しかし、「基礎体力」、「体調管理」、「生活リズム」などの基本的な生活習慣が整っていなければ、仕事への熱意があったとしても、継続することが困難になりがちです。働くための力を伸ばすために、高校において生徒の基本的な生活習慣等を把握したうえで、社会生活に

適応するための力を養っておくことが大切です。

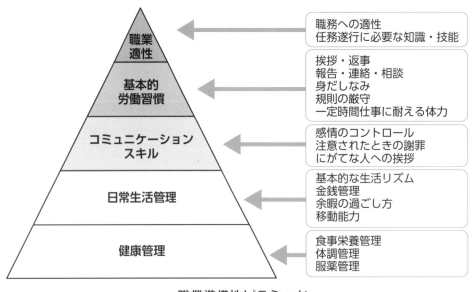

職業準備性ピラミッド

③ 職業適性の把握とマッチングの重要性

　高校生から社会人にスムーズに移行するために、様々な職種においてどのような作業があり、どのような力が求められるのかを理解しておくことは、「スタート前の準備」として大事な要素です。生徒が希望する職種であっても、本人の障がいの特性と合わない作業内容やスキルを求められるなどの場合、入社後に大きな困難を生じることがあります。就職先の検討の際には、生徒の希望だけでなく、障がいの特性と、予想される職場環境をもとに、生徒・保護者・教員の三者で進路先決定に向けて十分な話合いを進めましょう。

④ 職場体験実習のすすめ

　職場体験実習は、実際の職場環境での業務を体験することで、生徒の希望と現実をすり合わせることができる機会となります。また、学校とは異なる場所・人間関係で取り組む職場体験実習は、学校や家庭とは違った生徒の様子をみることができる機会でもあります。

　職場体験実習を有意義な場とするためには、企業等との事前打合せから、事後の振返りまでを見とおして計画することが大切です。

ア　職場実習先との調整

　生徒・保護者・企業それぞれが感じている「実習実施に当たっての不安」を把握し、事前に取り除くことができるように努めましょう。例えば、教員が実際に業務を体験する機会を設け、生徒に職場環境を具体的に伝えるなどの取組みも考えられます。また、企業側に、生徒が困ったときに質問できる「担当者（キーパーソン）」をあらかじめ決めてもらうことで、生徒の不安解消にもつながります。

職種と作業内容・職場環境の例

職種	どんな場所か	どんな作業か	業務のキーワード
販売 接客	○小売店 　・スーパーマーケット 　・ホームセンター 　・家電量販店 ○飲食店 　・レストラン	・お客様応対 ・店内、商品位置案内 ・商品管理 ・店内外清掃、カート回収 ・青果、鮮魚加工 ・袋詰め、パッキング	挨拶、声出し、言葉づかい、身だしなみ（頭髪、服装）、立ち作業、商品陳列、運搬、賞味期限管理、製品番号転記、店内位置把握、注文確認　など
調理 食品加工	○厨房 　・食堂、レストラン、ホテル ○工場 　・製造ライン ○スーパーマーケット	・野菜、鮮魚等のカット ・食材の盛付け ・食器等洗浄 ・仕分 ・お客様応対	立ち仕事、暑さ／寒さ対策、身だしなみ（頭髪、服装）、洗剤の使用、陶器等の扱い、食器洗浄機の使用、計量　など
製造 リサイクル	○工場 　・製造ライン 　・加工場 ○農場	・部品加工補助 ・生産ライン補助 ・検品、計数仕分、梱包 ・組立て、物品解体 ・シュレッダー処理 ・栽培、収穫	立ち仕事、暑さ／寒さ対策、大きな音、独特な匂い、計数、手先での細かい作業、重量物の運搬、屋外での作業（土や虫への慣れ）、洗剤の使用　など
事務	○オフィス ○工場（事務）	・データ入力、照合 ・書類整理、封入 ・電話応対 ・室内清掃 ・メール便集配	デスクワーク、挨拶、返事、接遇、言葉づかい、計数、並べ替え、仕分、書類の確認、電話の取次、伝言、漢字やアルファベット、数字の読上げ　など
物流	○倉庫 ○工場（出荷業務）	・ピッキング、箱詰め ・物品の運搬 ・伝票の管理 ・レンタル品洗浄	リストを見て選ぶ、配置を覚える、台車使用、数量確認、整理整頓、重量物の運搬、漢字・数字・アルファベット等の記号を読む　など
清掃	○建物内 　オフィスビル、ホテル等 ○屋外 　公園、駅構内、緑地等 ○洗車	・廊下、階段清掃 ・ごみ回収 ・リネン回収 ・アメニティ補充 ・ベッドメイク ・花壇の植栽、剪定	立ち仕事、道具の使分け、作業順序、時間管理、暑さ／寒さ対策、洗剤や水の使用、清掃作業中の接遇　など
クリーニング	○クリーニング工場	・機械操作、仕分 　（種類、サイズ、色） ・衣類等のたたみ	暑さ対策、立ち作業、作業順序、丁寧さ、作業効率　など
介護	○特別養護老人ホーム ○病院	・介護補助 ・レクリエーション ・施設清掃、リネン交換 ・屋外清掃、洗車	挨拶、言葉づかい、明るい笑顔、体調管理、安全管理、暑さ／寒さ対策　など

イ　生徒・保護者との職場環境等の共有

　学校とは違う環境であっても、生徒が落ち着いて行動できるように、持ち物や作業内容だけではなく、「会社に着いたら、まず、どこに向かえばよいのか」、「昼食はどこで食べるのか」、「職場実習日誌はいつ記入して、誰に確認を取ればよいか」など、１日の流れに見通しが持てるような説明を行っておくことが大切です。

　また、実習実施に当たり、生徒・保護者・教員の三者で「実習の目標」を共有し、教員と保護者が一緒に生徒の進路支援を進めていくという共通意識を持てるようにしましょう。

ウ　職場体験実習の実施

　業務内容だけでなく、職場環境（職場の方との関わり、騒音の程度、作業場の広さや物品の配置など）も大切なアセスメントのポイントです。その職場環境で生徒がどのような様子

であったのかを把握しておきましょう。

エ　職場体験実習の評価と共有

　職場体験実習後は学校において実習の振返りを行いましょう。その際、企業からのコメントや評価があると、振返りに具体性が生まれます。振返りの際には、生徒の言葉を聞き出すことを意識し、「できたこと、頑張ったこと、困ったこと」などを整理しましょう。

⑤　職場定着に向けた支援

ア　就職先との連携

　職場で「発達障がいの特性についての理解」が得られていないと、困ったことが生じた際に適切な支援が得られず、早期の離職につながってしまうことも考えられます。職場の人から発達障がいの特性を考慮しない叱られ方をされてパニックに陥ってしまったり、特性に応じた仕事の指示が行われずに同じトラブルを繰り返してしまう状況で、「この職場でずっと働き続けたい」という意欲を持ち続けられるでしょうか。

　「個別移行支援計画」等を活用して生徒の様子を引き継ぐ際は、高校で行ってきた配慮の内容に加え、なぜその配慮が必要なのかという、本人の障がい特性についての理解を職場の人が深められるよう、生徒と一緒に考えた「困ったときの解決策」を併せて引き継ぐことも大切です。

イ　相談窓口との連携

　卒業後の支援は、学校だけで対応することが難しいことも十分考えられます。このため、在学中から卒業後の生活をみすえた関係機関との連携を図ることが大切です。次の四つの機関を紹介します。

●発達障害者支援センター

　発達障害者支援センターは、発達障がい児（者）への支援を総合的に行うことを目的とした専門的機関です。都道府県・指定都市自ら、または、都道府県知事等が指定した社会福祉法人、特定非営利活動法人等が運営しています。発達障がい児（者）とその家族が豊かな地域生活を送れるように、保健、医療、福祉、教育、労働などの関係機関と連携し、地域における総合的な支援ネットワークを構築しながら、発達障がい児（者）とその家族からの様々な相談に応じ、指導と助言を行っています。

●障害者就業・生活支援センター

　障害者就業・生活支援センターは、障がい者の職業生活における自立を図るため、雇用、保健、福祉、教育等の地域の関係機関との連携のもと、障がい者の身近な地域において就業面およびそれに伴う生活面の一体的な支援を行っています。

　卒業後、就職する、または就職をめざし様々な機関を利用する場合や、就職後の継続した就労を図るために障害者就業・生活支援センターからの就労支援や就労定着支援を要するときには、本人・保護者が地域のセンターに相談のうえ、申請・登録をする必要があります。そのためには、本人・保護者の同意のもと、登録の時期などを地域の障害者就業・生活支援センターと在学中に前もって情報共有し、必要に応じて学校での様子を把握している教員が同席するなど、就労支援や就職後の定着支援が必要な生徒に対して円滑に指導・支援が行えるよう、センターとの事前の情報共有が重要です。

就職後の支援に向けて支援機関に引き継ぐポイント

生徒の様子	作業面	指示の理解（数・言葉・図形）、指示の変更に対する反応、注意・修正時の態度、手先の器用さ、体の使い方、作業の速度、集中の持続、安全意識
	社会面	挨拶・返事、報告・連絡・相談、対人関係、ルールの順守、こだわり、仕事の責任感、協調性、積極性
	生活面	基本的な生活習慣、身体的配慮（アレルギー、定期通院、服薬管理、発作）、体力
学校での様子		遅刻や欠席の状況、集団での様子、一人での様子、授業や行事・部活動への取組み、休み時間・昼食時間の過ごし方、得意なこと、にがてなこと
職場実習での様子		職種・作業内容、実習先からの評価と課題、教員からの評価と課題、向いている職種・作業
卒業後の支援		就職先の基本情報、障がい者雇用の有無・状況、勤務条件、人事担当者名・職場の責任者名、職種と課題、就職先での支援内容、生活面での支援内容
その他		日常生活の基盤、自立に向けた本人・保護者の意向

●地域若者サポートステーション（愛称：サポステ）

　働くことに悩みを抱えている 15 歳〜 49 歳までの人に対し、キャリアコンサルタントなどによる専門的な相談、コミュニケーション訓練などによるステップアップ、協力企業への就労体験などにより、就労に向けた支援を行っている機関です。

　サポステは、厚生労働省が委託した全国の若者支援の実績やノウハウがある NPO 法人、株式会社などが実施しており、「身近に相談できる機関」として、すべての都道府県に必ず設置されています（全国 177 か所）。

　【参考】地域若者サポートステーション Web ページ

　　　　https://saposute-net.mhlw.go.jp/index.html

●若年者のためのワンストップサービスセンター（通称：ジョブカフェ）

　若者が自分に合った仕事を見つけるためのいろいろなサービスを 1 か所で、無料で受けられる場所です。現在、46 の都道府県が設置しています。ハローワークを併設しているジョブカフェもあります。ジョブカフェの多くは県庁所在地にありますが、地域によってはサテライトという出張所を作ってサービスを行っているところもあります。

　ジョブカフェでは、各地域の特色をいかして就職セミナーや職場体験、カウンセリングや職業相談、職業紹介など様々なサービスを行っています。また、保護者向けのセミナーも実

施しています。

【参考】ジョブカフェにおける支援（厚生労働省 Web ページ）

https://www.mhlw.go.jp/stf/seisakunitsuite/bunya/koyou_roudou/

koyou/jakunen/jobcafe.html

コラム **14** 支援学校の取組みを活用する

　支援学校の専門性や仕組みを活用することで、発達障がいのある生徒の自己理解を深めていく取組みにつなげることができます。

　例えば、多くの支援学校では、障がい者雇用の制度を活用し、就労を希望する生徒を対象にきめ細かな事業所等との連携のもと、職場実習を早期から導入しています。生徒が実習体験を通じて自身の強みや弱みを体感し、どのような職場であれば、また、どのような支援があれば、安心して働き続けることができるのかを主体的に考える機会を創出しています。

　また、進路指導の過程において、計画的にミスマッチを経験させることで、生徒が自身の適性やにがてな場面に気づく機会となることもあります。その際には、生徒の自己肯定感の低下につながらないように生徒の状況を十分にふまえ、実習先の環境や実施時期を慎重に検討することが大切です。

　高校においても多くの学校が、インターンシップ等を取り入れているとは思いますが、キャリア教育の一環として、実習等の経験をとおして、自己理解の深まりや自己肯定感の高まりにつながるような仕組みづくりが重要になります。

　また、高校においても、発達障がい者も対象となる精神障害者保健福祉手帳等の所持があれば、障がい者雇用の制度を活用することはできますが、それだけを前提とせず、学校全体でのキャリア教育の取組みとするなど、ユニバーサルデザインの観点を持つことも大切です。

（3）進学希望の生徒への指導・支援の留意点

①　高校と大学の違い

　大学は、高校と比べて広い敷地に学部別・用途別の建物があり、講義ごとの教室移動、座席が指定されない、急な講義場所や講義時間の変更があるなど、環境が大きく変化します。高校と大学の環境の違いとして、下表のような内容が考えられます。

高校と大学の環境の違いの例

	高校	大学（四年制）
集団の様子	・所属するクラスが決まっている ・授業は1クラス40人程度 ・1年間、毎日同じ人間関係 ・毎日関わる人が固定的 　（担任、教科担当者、クラスの友人、クラブ活動など）	・所属するクラスが決まっていない ・講義は科目によって人数が変動 　（10人程度〜200人程度） ・講義によって関わる人が違う
教室等の様子	・教室内での座席が固定されていることが多い ・敷地内の移動は限られる ・職員室があり、教員がいる場所が明確	・教室内で座席指定されていないケースが多い ・目的によって複数の建物に行く必要がある ・履修する講義によって場所が変わる ・講義者は各研究室に分かれており、在室時間が流動的
学習内容	・各教科の教科書に沿った知識を学ぶ ・考査ごとに範囲が限定的であり、教科書等のページ等により明確に示されることが多い	・決まった教科書がなく、講義者の独自教材や論文、参考図書等を活用した講義内容 ・知識を問うよりも、真理の探究や問題設定を自主的に行い、考えをまとめることを求められる
時間設定	・1単位時間50分	・1単位時間90分
時間割の設定	・登校、下校時刻が固定的 ・各学年で履修できる科目は限られている ・休憩時間を除き、「空きコマ（授業がない時間帯）」はない	・自分で履修計画を立てる ・履修できる学年が限定されていない講義が多い ・履修状況によって「空きコマ」が生じる ・履修登録状況によって登下校時刻が変動
情報伝達	・クラス担任が一括して連絡	・掲示板等により自分で確認
書類等の提出	・保護者が判断し、保護者名で提出	・学生本人が判断し、本人名で提出
その他	・本人からの申出がなくても、教員の気づき等により、学校から指導・支援のアプローチがされることがある	・支援や配慮が必要な場合は、相談窓口に自ら申し出ることが必要

　このような環境の違いを理解していないと、適切な対応ができず、大学生活に不適応を起こしたり、必要な単位を修得できず退学に至ったりするケースが生じる可能性があります。入学後の学びの大きな変化にとまどわないために、オープンキャンパス等の機会を活用して希望する大学等の講義などを経験してみたり、大学に進学した先輩の体験談を聞いたりすることは有効な方法です。

②　困ったときに相談窓口を活用しやすい環境を整える

　新しい環境での生活は、誰にとっても不安が大きいものですが、発達障がいのある生徒にとっては、誰もが感じる不安やつまずきだけでなく、障がいの特性により様々な場面での困

りごとが生じやすいといえるでしょう。

　一方で、大学生活では高校と比べて様々な場面において「自己判断・自己決定」の機会が増加します。例えば、履修登録では、卒業に必要な単位数を数年かけて計画的に履修することが必要です。このとき、必履修単位だけでなく、自由選択科目として開講されているもののなかから、「興味のある科目」や「取得したい資格に必要な科目」を、自分で考えて履修登録する必要があります。ディベート中心や、実習が多いなど講義内容の特徴や、レポート提出、定期考査の有無といった評価方法などの情報をふまえておくことも重要な要素です。

　このようなときに、「どこに相談すればよいのかわからない」という状況に陥らないように、生徒に相談窓口の活用方法を伝えておくだけでなく、入学前から大学等との連携を開始し、生徒、保護者と一緒に個別の教育支援計画等の資料を活用しながら引継ぎを行い、入学後に気兼ねなく相談窓口を利用できるように環境を整えておきましょう。事態が深刻になってからでは、せっかくの支援が間に合わなくなってしまう例もあります。「困ってから相談する」のではなく、「困る前に、あらかじめ相談先とつながっておく」という観点を、本人・保護者・高校の教員の三者が認識しておくことが大切です。

（4）発達障がいのある生徒の社会参加をみすえた自己理解のために

　生徒の進学や就労に向けて、高校では、生徒が自分の障がい特性や個性について、自己理解を深めることは非常に重要です。その際、単に自分の「にがてなこと」、「不得意なこと」を知るだけでなく、障がい特性による困難さを受け止め、「にがてなことなどに対し、自分はどのようにしたらうまく付き合っていけるか」を知ることができるように支援することが大切です。そして同時に、自分の「よいところ」、「得意なこと」を知り、それをどう伸ばし、いかしていくかを知ることが、将来の自立への展望につながるでしょう。

　高校生活の3年間は、卒業後の進路にかかわらず、将来の社会参加に向けて、自分にとって具体的にどんな力が必要なのか、何を身につけておくべきかを、生徒が主体的に考えるための貴重な期間といえるでしょう。学校生活を送るなかで、自分の好きなことや楽しいと感じること、得意なことを大切にしつつ、にがてなこと、嫌いなことにも向き合いながら、悩みや葛藤を抱え、模索しながら自己理解を深めていくことは、生徒のキャリアを形成するために重要なことです。教員はそのような生徒の思いを受け止め、共感的に理解しながら支えていくことを意識した、指導・支援を考えましょう。

コラム 15　大学における体験プログラム　－ASD を対象とした取組み例－

　大学をはじめ高等教育機関では、発達障がいのある学生の在籍数が年々増加しており、不登校や留年など適応上の問題が喫緊の課題となっています。

　発達障がいのある学生（精神障がいを除く）の卒業率は、他の障がいのある学生の 90％に比して 70％程度とされ（日本学生支援機構「令和元年度（2019 年度）障害のある学生の修学支援に関する実態調査」による）、留年を繰り返すだけでなく、長期間の休学、そして中途退学に至る学生が多い現状を表していると考えられます。背景には、高校から大学という教育環境の変化、つまり、教育を受ける主体としての責任が学生本人となる部分が大きくなることにあります。自らが主体的に考えて行動することが求められるようになる大学の環境下では、高校までのように教員から提示された課題等をやり遂げるという、受身的な学校生活からの意識の切り替えが容易でない学生にとっては、難しい状況をもたらしやすいといえます。

　さらに、発達障がいのある学生は困りごとに対する自身での気づきや対処が遅れがちで、留年がほぼ確定した段階や、不登校になってしまった状態など、修学上の非常事態になってから支援部署につながることが多くみられます。しかしながら、非常事態に近い状況からの対応や支援では、なかなか解決には至りません。

　A 大学では、これらの課題に対してアプローチするために、ASD の特性のある大学入学予定者（他大学への入学予定者も含む）を対象としたプログラムを実施しています。大学に入学する直前の 3 月に、大学生活の疑似体験を 3 日間フルに行うことで、スムーズな大学生活のスタートへつなげるという取組みです。3 日間で、参加者にはプレゼンテーションの課題が与えられ、その準備や実際の発表機会を課されるなど、大学入学前にはあまり経験をしたことがない少しハードな内容となっています。ASD の特性のある生徒にとって、困難だと想定される課題で負荷がかかると思われるかもしれませんが、専門スタッフも多く見守る安全な空間で、安心して失敗でき、同時に大学生活で困ったときには、どこに、どのように相談したらよいのかや、合理的配慮とは自らにとってどのように活用できるものなのかなどを知り、支援へのレディネスを高める機会とするための設定です。

　参加者らは 3 日間の学びをとおして大きな成長を見せ、プログラム開発者たちを驚かせています。発達障がいのある生徒が様々な可能性を秘めた存在であり、「～できない」という一面だけをとらえた安易な見立てや理解が誤りであるという、当たり前でありながらも大切な視点を思い出させてくれるといいます。

　発達障がいのある生徒の進学指導において、このような体験プログラム等を積極的に活用することは、有効なてだてといえるでしょう。

II 事例編

指導と支援の実際

事例編について

事例の構成

- ○ **「発達障がいの特性によって社会で『生きにくさ』を感じている卒業生の様子から、高校在学時にどんなことに取り組めたか・・・」**という観点で構成しています。
- ○ 各場面の状況設定や文章表現等については、様々な議論を呼び起こすことができるよう作成しています。
- ○ 校内の研修での活用を想定していますが、一人で、協議内容にそって指導・支援のあり方について考えることなども有効な活用方法です。

事例のみかた

　各事例は「事例と協議内容」の次に、協議を深めるための「事例のポイント」と、発達障がいのある生徒への適切な指導や支援につながるように「解説」を記載しています。

【事例と協議内容のページ】

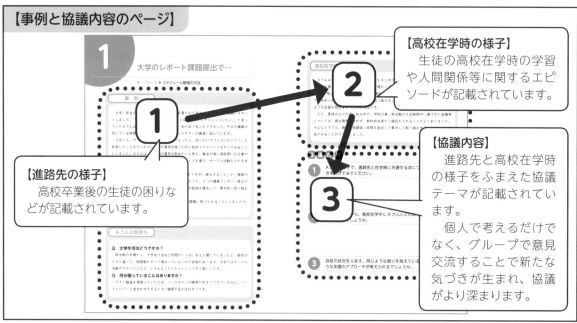

【高校在学時の様子】
　生徒の高校在学時の学習や人間関係等に関するエピソードが記載されています。

【進路先の様子】
　高校卒業後の生徒の困りなどが記載されています。

【協議内容】
　進路先と高校在学時の様子をふまえた協議テーマが記載されています。
　個人で考えるだけでなく、グループで意見交流することで新たな気づきが生まれ、協議がより深まります。

【解説のページ】

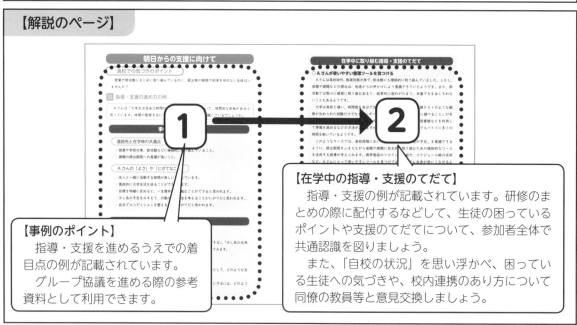

【在学中の指導・支援のてだて】
　指導・支援の例が記載されています。研修のまとめの際に配付するなどして、生徒の困っているポイントや支援のてだてについて、参加者全体で共通認識を図りましょう。
　また、「自校の状況」を思い浮かべ、困っている生徒への気づきや、校内連携のあり方について同僚の教員等と意見交換しましょう。

【事例のポイント】
　指導・支援を進めるうえでの着目点の例が記載されています。
　グループ協議を進める際の参考資料として利用できます。

1　事例編を活用した研修に向けて

　ここでは、参加体験型研修についての考え方や事例の活用等について説明しています。これらの内容を参考に研修内容の企画、運営を進めてください。

（1）参加体験型研修について

　参加体験型研修は、講師が一方的に知識を伝える講義ではなく、参加者が小グループで話し合ったり、共同作業したりするなどの体験をとおして学び合う研修方法のことです。他者との対話をとおして、互いの意見や考え方を知り、学ぶことにより「困っている生徒」の状況等に気づくことができ、明日からの支援に向けた態度や行動につながると考えています。

（2）ファシリテーターについて

　ファシリテーターは、研修における学びの過程を組み立て進行します。参加者が互いに話しやすい雰囲気をつくり、学び合えるように援助して研修を進める支援者の役割を果たします。

　参加者の主体的な気づきを尊重しながら学びをうながすことが大切であり、研修での学びをとおして参加者の気づきが行動への変化につながるよう働きかけることが重要です。

（3）事例について

①　キーワードについて

　各事例について、気づきのヒントとなるキーワードを設定しています。発達障がいの特性は、周りの環境によって困難さの現れ方が変わるため、同じ場面であっても、生起する事象の内容が違います。

　キーワードは事例及び解説等の内容をふまえたものとなっていますが、それぞれの事例におけるすべての課題等を網羅しているものではないことに留意してください。

②　事例・協議内容について

　各事例は、教職員一人ひとりが、学校での生徒の様子を思い浮かべ、指導・支援や連携のあり方について見直すきっかけとするものです。それぞれの事例についての協議を通じて、指導・支援についての理解を深めていきます。

　なお、協議内容については、焦点を定め、参加者どうしの協議を円滑に進めるために設定したものとお考えください。

③　解説について

　生徒の状況や生徒を取り巻く環境は一人ひとり違うことはいうまでもなく、解説の内容は、指導や支援の選択肢の一つとして示しているものであり、正解を導くためのものではありません。解説の内容について、固定的なとらえ方をするのではなく、個々の生徒の状況に応じた具体的な指導や支援を検討することが重要です。

2 参加体験型研修の進め方

○ 発達障がいのある生徒に対する指導や支援について、お互いの考えや意見を率直に出し合い、協議することが重要です。

○ グループ協議は目的に応じてメンバーの編成を工夫することで協議が深まります。

【校内研修の活用例（90分間）】

＊下表の★をピックアップすることで、60分程度の研修としても活用できます。学識経験者等による講演と併せて実施し、研修のまとめとして指導助言をいただくことも研修内容の充実を図る方法の一つです。

時間	活　動	ファシリテーターの役割
5分 ★	○研修の目的と概要の説明 　協議内容についての意見を率直に出し合うことや、参加者どうしの対話が生まれることの大切さを伝えます。	研修の最初にアウトラインを提示することで、参加者の研修の参加意欲を高めます。
	○「事例」の配付	
10分	○グループ分けや進行役等の決定 　それぞれのグループで協議の進行役、記録役、発表役等を決めるよう指示します。 ☆グループの人数は5人程度が適当です。	グループ分けをする際に、参加者の心を解きほぐすこと（アイスブレイキング）を目的としたアクティビティを行うことも有効です。（誕生月やジャンケンでグループを分ける　など）
	○個人ワーク 　個人で事例からの気づきや意見をまとめます。	ファシリテーターが事例を読みあげて、参加者全体で共有することもよいでしょう。
15分 ★	○グループでの協議① 　各グループで進行役の人が協議内容に従って協議を進めます。	協議に当たって、特定の人が長時間話したり、少数意見がグループ内の協議に反映されないようなことがないよう留意しましょう。
	○解説「高校での気づきポイント」の配付	
20分	○グループでの協議② 　解説「高校での気づきポイント」から得られた気づきや新たな視点をもとに議論を深めます。	
20分 ★	○解説「在学中に取り組む指導・支援のてだて」の配付	解説の内容が「正解」を導くためのものではないことを確認します。
	○グループでの協議③ 　ここまでの協議と解説をふまえ、「自分の学校で同じように困っている生徒はいないか」や「困っている生徒に対し、それぞれの立場からどのようなアプローチができるか」について、気づきや意見を交換します。	これまでの協議内容をさらに深めることを意識した進行を心がけましょう。自校の生徒の様子から「○○に困っている生徒について、どのような支援ができるだろうか」など、自分の立場からの支援のてだてを意見交換します。
15分 ★	○各グループの発表 　各グループで協議した「自校の状況をふまえた気づきや意見」を3分程度で紹介し合います。全体の意見を聞くことで、参加者どうしの学びを形成します。	発表に当たり、あらかじめ発表者を決めておく方がまとまった発表を得られます。ファシリテーターが発表内容のキーワードとなる言葉やポイント等を、ホワイトボード等に記録するなど、発表内容の共有を図ることも大切です。
5分 ★	○研修のまとめ 　グループの発表や配付した解説の内容をふまえ、研修のまとめを行います。	研修における教職員の気づきを大切にします。また、気づきを発達障がいのある生徒への指導・支援のための具体的な行動につなげるための意識づけが重要です。

3 協議の進め方

Aさんの理解とニーズの把握

| Aさんの
進路先での状況 | Aさんの
在学時での状況 |

共通点への
気づきと整理

○事例のAさんの様子から、気になる点や、困りなどの「気づき」をあげます。高校在学中には表面化しなかったところや、その理由を考えてみることも有効です。

○それぞれの場面におけるAさんの「気持ち」について、Aさんの立場に立って考えてみます。Aさんの心情に共感しながら、Aさんの得意な面とにがてな面の両方の観点を持つことが重要です。

Aさんへの指導・支援の検討

高校在学中に取り組むべき
指導・支援

○「Aさんが進路先で持てる力を発揮するために、在学時に取り組むべきこと」を協議します。

○Aさんの自己理解を深めることや、進路先への引継ぎを含めた進路指導などについて、個別指導の観点だけでなく、集団指導の観点をふまえて「学校だからできること」を考えましょう。

○Aさんに対するアプローチだけでなく、環境調整（周りの理解など）の内容を併せて考えましょう。

○Aさんの困りの背景に何があるのか、様々な観点から考えるという姿勢を大切にしてください。

事例からの発展

自校の状況をもとに
意見交換

○ここまでの協議と解説をふまえ、「自校で同じように困っている生徒はいないか」や「困っている生徒に対し、それぞれの立場からどのようなアプローチができるか」について、気づきや意見を交換しましょう。

大学のレポート課題提出で…

キーワード ▶ スケジュール管理の方法

事 例

　大学１年生のＡさんは、入学後、履修登録を滞りなく済ませて大学生活を順調にスタートしました。「大学に入ったら、高校のときとは違うことにチャレンジしたい。」と言っていたＡさんは、軽音楽サークルに入会し、気の合う友人もできました。平日の講義の空いている時間には、サークルルームでベースギターの練習に励んでいます。

　５月ごろ、サークルの友人と「夏休みになったら、泊りがけでフェスに行こう！」と約束したことをきっかけに、旅行費用を稼ぐために初めてアルバイトをやってみることにしました。Ａさんは、早く旅行費用を貯めたいと考え、賃金が高い深夜帯にも仕事ができるように、２４時間営業のコンビニエンスストアを選び、サークル活動などの予定のない深夜帯にはすべてシフトを入れています。

　７月初旬に、「単位認定のためのレポート課題を７月中に提出すること」が、複数の講義で課されました。Ａさんの履修している講義のうち、５つの講義でレポート提出が必要です。Ａさんは、まずは期末テストに向けての勉強を優先して、集中的に取り組むことにし、レポート課題は後回しにしました。

　期末テストがすべて終わり、ようやくレポート課題に取りかかることにしましたが、レポートの提出期限は３日後に迫っています。

Ａさんの気持ち

Q　大学生活はどうですか？

　部活動の先輩から、大学生は自由な時間がいっぱいあると聞いていましたが、高校のときと違って、時間割がすべて埋まっていないので余裕があります。大学ではサークル活動やアルバイトなど、いろんなことにチャレンジできて楽しいです。

Q　何か困っていることはありますか？

　テスト勉強を頑張っていたため、ベースギターの練習があまりできていません。バンドメンバーと音合わせをするときに練習不足がばれそうです。

高校在学時の様子

　Aさんは、無遅刻無欠席で、授業態度もまじめでした。対人関係も良好で、文化祭など学校行事でのクラス活動にも積極的に関わっていました。

　また、陸上競技部に所属し、毎日、放課後の練習に休まずに参加し、疲れた様子があっても決められたトレーニングに熱心に取り組みました。頑張っているのに、大会で思うような記録を残せなかったのが残念です。

　ただ、夏休みなどの長い休み中や、学校行事、部活動の大会期間中に課された宿題等については、提出期限を守れず、教科担当者から催促をされることがよくありました。そんなときでも、教員が放課後に時間を設定して集中して取り組ませると、きちんと完成させることができていました。

協議内容

1　Aさんの様子で、進路先と在学時に共通する点について、あなたの気づきをあげてみてください。

2　進路先の様子から、高校在学中にAさんにどのような指導・支援があればよかったでしょうか。

3　自校の状況をふまえ、同じような困りを抱えている生徒に対し、どのような支援のアプローチが考えられるでしょうか。

明日からの支援に向けて

高校での気づきのポイント

授業や部活動にまじめに取り組んでいるのに、提出物の期限や約束を守れない生徒はいませんか？

■ 指導・支援の進め方の例

Aさんは「大学生は自由な時間がいっぱいある」と聞いていて、時間的な余裕があると思っています。時間の管理方法について、Aさんはどれほど意識しているでしょうか。

事例からわかること

進路先と在学時の共通点

・授業や学校行事、部活動などに積極的に取り組んでいること。
・課題の提出期限への意識が低いこと。

Aさんの「よさ」や「にがてなこと」

・友人と一緒に活動する時間が楽しいと感じています。
・意欲的に大学生活を送ることができています。
・目標を明確に定めると、一生懸命に取り組むことができると思われます。
・少し先の予定をみすえて、行動の優先順位を考えることがにがてだと思われます。
・自分でコンディションを整えることがにがてだと思われます。

指導・支援方法について

指導のための仮説から考える

Aさんは「具体的な目標に向けて一生懸命に取り組むことができる」、「少し先の出来事をふまえてスケジュールを立てることがにがてである」と考えてみます。

社会参加をみすえた支援のポイント

●Aさんが物事の優先順位や課題の提出期限を意識できる方法として、どのような支援が考えられますか。
●Aさんが困ったときに周りに相談することを意識できるようにするには、どのような支援ができるでしょうか。

在学中に取り組む指導・支援のてだて

○Ａさんが使いやすい管理ツールを見つける

　Ａさんは高校時代、無遅刻無欠席で、部活動にも積極的に取り組んでいました。しかし、宿題や課題などの提出は、他者からの声かけにより意識できていたようです。また、部活動では熱心に練習に取り組むあまり、結果的に疲れがたまり、本番で力を出しきれないこともあるようです。

　大学は高校と違い、時間割を自分で決めることに加え、高校の定期考査のような範囲が決められた試験だけでなく、レポート提出や発表など、「自主的に調べること」が多くなります。この場合、授業時間だけでなく、空きコマや休日に、図書館などを利用して準備を進めるなどの方法がありますが、Ａさんはサークル活動やアルバイトに多くの時間を割いているようです。

　このようなケースでは、高校段階において、Ａさんが「少し先の予定」を意識できるように、提出期限をふまえながら宿題や課題に自主的に取り組むための補助的なツールを活用する指導が考えられます。携帯電話のリマインド機能や、スケジュール帳の活用など、Ａさんにとって使いやすいツールを見つけておき、Ａさん自身が使いこなせるようにしておくことが大切です。

○友人と一緒に取り組む

　Ａさんはまじめな性格に加えて、文化祭等にも積極的に関わっていたことから、友人と同じ目標に向かって一緒に活動することを楽しんでいるようです。長期休みや行事などが重なっているときの課題提出に限って期限を守れていないことから、日々の課題提出は、一緒に過ごす友人の会話や行動が、Ａさんにとって自然なリマインドとなっていたかもしれません。

　Ａさんは一人で取り組むより、周りの友人と一緒に取り組む方がモチベーションを保ち、無理のない定着につながると考えられます。携帯電話のリマインド機能やスケジュール帳の活用などを、周りの友人と一緒に取り組むことができるように全体化することで、Ａさんにとって、より意識的な取組みにつながります。

2 大学の履修登録で…

キーワード ▶ 環境の違い　他者への相談

事　例

　4年制大学に進学したＡさんは、履修登録説明会に参加し、大学では自分で時間割を組まなければならないこと、必修科目と選択科目があること、卒業要件単位数が決まっていることなどについて説明を受けました。

　Ａさんは履修登録説明会で配付された資料をもとに、前期の時間割を組みました。そして、留年しないためには、少しでも多くの単位を取っておく方が安心できると考え、年間の履修上限数いっぱいまで登録しました。

　5月に入り、各講義が本格的にスタートすると、Ａさんは保護者に体調不良を訴えることが多くなりましたが、講義には頑張って出席をしました。ただ、ディスカッションやプレゼンテーションが中心の科目のいくつかは単位を落としてしまいました。

Ａさんの気持ち

Q　何か困っていることはありますか？

　履修登録は難しかったですが、知っている友人はいませんし、知らない人に聞くことも恥ずかしいので、配られた資料をしっかり読んで考えました。早めに多くの単位を履修したいし、できれば時間割のコマをすべて埋めたかったのですが、履修単位数に制限があったので、とりあえず、取れるだけの単位を申請しました。

　グループで話し合ったり、人前で発表したりするのはにがてです。履修した科目にこれらの機会が多いものがあるとは知らずに登録してしまったので苦労しました。落とした必修科目は、改めて履修すればよいので大丈夫です。やはり履修単位数の上限まで登録しておいてよかったです。次の登録も同じようにします。

高校在学時の様子

　Aさんはわからないことがあると、人に聞かずに自分で調べて対応していました。授業でもわからないことがあると、参考書を見たりして復習していたようです。担任や、特定の教員には質問することもあったようです。中学校からの引継ぎでは「授業中に突拍子もない発言をして、周囲とトラブルになることがあった」と聞いていましたが、高校ではそのようなことはなく、授業中も静かに過ごしていた印象があります。

　3年生の文化祭で模擬店をした際に、5〜6人のグループに分かれて活動しましたが、特別に仲の良い友人がいないAさんが孤立しないよう、クラスのなかでも、優しく気にかけてくれるBさんと同じグループになるようにしたので、楽しく過ごせていたようです。

　模試の成績は伸び悩んでいましたが、定期考査の得点は良好で、課題も滞りなく提出することができていました。

協議内容

1　Aさんの様子で、進路先と在学時に共通する点について、あなたの気づきをあげてみてください。

2　進路先の様子から、高校在学中にAさんにどのような指導・支援があればよかったでしょうか。

3　自校の状況をふまえ、同じような困りを抱えている生徒に対し、どのような支援のアプローチが考えられるでしょうか。

明日からの支援に向けて

高校での気づきのポイント

　一人で過ごすことが多く、困ったことがあっても、なかなか自分から相談できない生徒はいませんか？

指導・支援の進め方の例

　大学では卒業までをみすえて、自分で履修計画を立てる必要がありますが、Ａさんは高校までの経験から、「時間割はこうあるべきだ」という意識が強いように感じます。高校と大学のシステムの違いを、どのように理解させておくのがよいでしょうか。

事例からわかること

進路先と在学時の共通点

・周囲に相談せず、自分だけで解決をめざすこと。

Ａさんの「よさ」や「にがてなこと」

・気になることや困ったことを、自分で調べて解決しようとする気持ちがあると思われます。

・関係性が深い人には、わからないことを質問することができます。

・困ったことが起きたときに、そのままにしておくとどのような顛末になるのかを予測するのがにがてだと思われます。

指導・支援方法について

指導のための仮説から考える

　Ａさんは、他人に相談する前に、「できるだけ自分で何とかしよう」という気持ちを強く持っていると考えてみます。

社会参加をみすえた支援のポイント

●大学進学後の学生生活の具体的なイメージを持てるようにするには、どのような支援が考えられますか。

●進学後に困ったときに相談できる窓口として、どんなところを紹介できるでしょうか。

在学中に取り組む指導・支援のてだて

○大学生活についての理解を深める

　高校の１日の過ごし方と、大学の１日の過ごし方の違いについて、Ａさんは、どのように認識していたでしょうか。例えば、履修登録では、高校までは決められた枠内で選択授業を選ぶなどの機会はありますが、大学では、必履修科目・選択科目をどのように履修するのかをすべて自己決定しなければなりません。

　自分の所属する学科に必要な単位はもちろんのこと、大学卒業後をみすえ、「将来の自分にはどんな学問が必要なのか」を考えるとともに、無理のない履修計画を立てられるように、必要に応じて相談をすることができる力を身につけておくことが大切です。このためには、入学時に「困ったときには、どこに尋ねるとよいのか」を、前述の学生生活のポイントと関連づけて指導し、入学前に相談窓口を訪問しておくなどの準備をしておくことが有効です。

○「空きコマ」の活用方法を知る

　自分で時間割を組むうえで「空きコマ」をどのように配置するのかがポイントの一つになります。高校までの時間割は、登校してから下校するまで自由に過ごす時間が限られていることが多く、空きコマをどう活用すればいいか想像できていないことが考えられます。

　Ａさんは講義が本格的にスタートしてから体調不良を訴えることが多くなっていますが、これは、曜日によって時間割の埋まり方に偏りがあったり、余裕がなかったりすることが要因として考えられます。空きコマは課題等に取り組むほか、リフレッシュをするために重要な時間です。

○誰かに相談することで解決することを経験する

　高校時代のＡさんは、中学校から引き継がれた様子と違い、他人との関わりについて消極的になっているようです。これは、中学校までの様々な経験から「不用意な発言をできるだけしないように」という、Ａさんなりに培った他者との関わり方かもしれません。信頼関係のできている教員であれば、自分から困りや悩みを相談することができていたようです。

　周りの友人に「自分のこと」を気兼ねなく伝えらえるような仲間づくりはもちろん、Ａさんが、自分の得意なことをとおしてクラスのなかで役割を担うなど、自己肯定感の高まりを意識した集団形成が大切です。

3 大学の定期考査で…

事例

　大学1年生のAさんは、どの講義にも休まずに出席し、板書はすべてノートに漏れなく写すなど、まじめに取り組んできました。Aさんは「きっとテストでは良い点を取れるだろう」と、自信を持って定期考査に臨みました。

　しかし、Aさんの自信に反して、ほとんどの問題に解答することができず、いくつかの科目については、単位の修得が危うい状況になってしまいました。

　特に、「○○について論じなさい」というような論述形式の問題については、ノートを持ち込むことが許可されていましたが、自分のノートを見返しても何を書いていいのか思い浮かばず、ほとんど解答することができませんでした。

　このままだと卒業に必要な単位が取れないのではないかと焦っていますが、一緒に講義を受けている友人は困っている様子もなく、誰に相談したらいいのかわかりません。Aさんは次第に大学に行くのがつらくなってきました。

Aさんの気持ち

Q　高校時代の勉強方法の工夫はどのようにしていましたか？

　高校の定期考査では、提示された出題範囲を何度も繰り返し復習し、徹夜で勉強したこともありました。論述や作文はあまり好きではありませんでしたが、その他の問題がしっかりできていたので、良い成績が取れていました。

　大学では高校と違って板書が全くなかったり、教授が講義内容と関係のない話をしたりすることも多くて戸惑いました。教授は講義に沿った話だけをするべきだと思います。毎日まじめに講義に出席して、ノートもきちんと取っているのに、先日の定期考査ではノートが全く役に立たなくて困りました。高校ではこんなことは1度もなかったのでショックです。何をどのように勉強したらいいのでしょうか。

高校在学時の様子

　Aさんはどの教科でも熱心に授業内容を聞き、ノートも完璧に取っていました。他の生徒にノートを貸してあげることも多く、クラスメイトから頼りにされていたようです。定期考査前は友人と一緒に自習室で一生懸命に勉強している様子がみられ、良い点を取ると、とても喜んで担任に報告に来ていました。ただ、自由に意見や感想を発表することや、自分でテーマを決めてレポートを書いたりすることはにがてだったようで、テストでも推敲したり、感想を述べたりする設問の解答は空欄のままが多くて意外でしたが、トータルするとどの教科も平均点以上の点数を取っていたので、特に問題になることはありませんでした。

協議内容

1 Aさんの様子で、進路先と在学時に共通する点について、あなたの気づきをあげてみてください。

2 進路先の様子から、高校在学中にAさんにどのような指導・支援があればよかったでしょうか。

3 自校の状況をふまえ、同じような困りを抱えている生徒に対し、どのような支援のアプローチが考えられるでしょうか。

明日からの支援に向けて

高校での気づきのポイント

　計算問題や空欄補充などの客観テスト問題は高得点が取れるのに、作文や論述問題になると何も書くことができず、空欄のままになっている生徒はいませんか？

指導・支援の進め方の例

　Ａさんは高校のときと同様に、講義をしっかりと聞き、板書も漏らさずノートに写していますが、単位の修得が危うくなっています。高校までの学びと、大学での学びの違いについて、Ａさんはどのように考えているのでしょうか。

事例からわかること

進路先と在学時の共通点

・自分の意見を述べたり論述したりする場面でのつまずき。

Ａさんの「よさ」や「にがてなこと」

・授業に一生懸命に取り組む気持ちがあります。
・高校までの学習方法では思うような結果が出ず、つまずきを感じています。
・周囲の友人は困っている様子がないため、相談しづらく感じています。

指導・支援方法について

指導のための仮説から考える

　Ａさんは「自分でまとめたノートの内容に自信を持っている」、「板書によらない講義での教員の話や、ノートの内容をまとめて意見を述べたり、論じたりすることがにがてである」と考えてみます。

社会参加をみすえた支援のポイント

●Ａさんは大学の学習環境をどのように把握しているでしょうか。
●論述形式の課題に取り組む際のポイントを、Ａさんにどのように伝えますか。

在学中に取り組む指導・支援のてだて

○高校と大学の学びの形態の違いを知る

　高校までの定期考査では、あらかじめ示された出題範囲から、ある程度決まったパターンで解答できる設問が多く、Ａさんにとって「ノートに書いてあることを反復して覚えること」で乗り切ってきたことが考えられます。

　大学の講義では、高校までと違い、講義する教員のオリジナル教材や、参考文献を中心とした独自の内容を扱うなど、講義の進み方がパターン化されていないことが多くあります。また、事例にあるとおり「〇〇について述べる」というような論述を求められることも多く、講義時間だけでなく、自主的に図書館等を活用して取り組むことが必要になります。これらの高校と大学の違いを教えることも進路指導の大切な要素です。

○ノートの活用方法を考える

　Ａさんは「板書をノートに写すこと」に力を入れており、ノートに写した内容についても自信を持っています。しかし、講義内容のテーマに関連する内容を取捨選択し、深めながら考えをまとめたり、文章を作成したりすることがにがてなようです。

　大学では、「自分の考えを述べること」が多くなり、自分で記入したノートの内容を統合したり、参考文献を調べたりする機会が増えます。ノート等の持ち込みが可能な試験であれば、講義のテーマをもとに、事前にある程度の文章を推敲するなどの事前準備をしておく方法があることを知っておくのも大切です。

○多様な視点から気づきを得る

　Ａさんは高校時代、授業に関して周りの友人から頼られる存在でした。しかし、大学では、「自分はどうしたらよいかわからない状態なのに、周りは困っている様子がない」という状況から、初めて挫折を感じている可能性もあります。もしかすると、困っていることを友人に知られたくないので相談できないのかもしれません。

　また、「自分が何に困っているのか」というメタ認知ができていないことも考えられます。Ａさんの様子について、担任や教科担当者だけでなく、部活動担当者や養護教諭など、様々な視点からの観察や、教育相談室や外部機関を活用してＡさんの自己理解を深めるための支援を行うことも大切です。

4 大学の講義で…

キーワード ▶ 感情のコントロール

事例

　大学1年生のAさんは、どんなことにも積極的で熱心に取り組みます。講義が終わったあとに教員をつかまえて、講義内容に関する質問をする光景がよくみられます。

　ある講義の時間に、自分の考えを述べるように指名されたAさんは、その場で立ちすくんで、泣き出してしまいました。教員はいつもと違うAさんの状況を理解できず、Aさん以外の学生をかわりに指名したところ、Aさんは泣きながら講義室の外に出て行ってしまいました。突然のAさんの行動に、講義室は一時騒然となりましたが、そのまま講義は続けられました。

　講義時間が終わり、他の学生が部屋から出て行ったタイミングで、Aさんが講義室に置いていた私物を取りに戻ってきました。教員が、どうして急に泣き出したのかを聞いてみると、Aさんは「何と言っていいかわからなくて困っていたら、周りの人に笑われた。」と答えました。教員からは「そんなことはなかったよ。次、また頑張ろう。」と声をかけたところ、Aさんは嬉しそうに「わかりました。」と返事をして、講義室を出ていきました。

Aさんの気持ち

Q　講義での様子を振り返って、どんな気持ちですか？

　先日の講義では、テーマが難しくて、後で先生に質問しようと思っていたときに急に質問され、どう答えていいかわからず「どうしよう…」という不安な気持ちがだんだん大きくなってきて、泣いてしまいました。他の人はすぐに答えられていたし、周りの人が自分のことをバカにして笑っているような気がして、なんだか落ち着きません。

Q　何か困っていることはありますか？

　小中学校のときから、テストで良い点数を取ると親に褒められることが嬉しくて、その期待にこたえられるように頑張ってきたので、勉強は得意です。

　困っていることは特に思いつきません。子どものころに「発達障がいがある」といわれたことがありますが、自分は違うと思います。

高校在学時の様子

　Aさんの出身中学校からの引継ぎでは「小学校のときにASDの診断が出ている」「WISC−Ⅳ検査結果では知覚推理指数に比べて言語理解指数の数値が極端に低い状態」との記載がありました。

　Aさんは明るい性格で誰にでも話しかけることのできる生徒でしたが、勝ち負けにこだわるところがあり、ささいなことでも、自分の思うような結果が出ないと大きな声で泣き出したり、あからさまに拗ねた態度をとることがありました。気持ちが落ち着くまで保健室で過ごせるような配慮も行っていました。

　同じクラスの友人はそんなAさんの様子に、はじめは驚いていましたが、次第に慣れて、無視したり、からかったりせず、声をかけて落ち着くよううながしていました。Aさんも3年生になると、授業中に突然泣き出すようなことは少なくなり、保健室へ行く回数も減っていたように感じます。

協議内容

1 Aさんの様子で、進路先と在学時に共通する点について、あなたの気づきをあげてみてください。

2 進路先の様子から、高校在学中にAさんにどのような指導・支援があればよかったでしょうか。

3 自校の状況をふまえ、同じような困りを抱えている生徒に対し、どのような支援のアプローチが考えられるでしょうか。

明日からの支援に向けて

高校での気づきのポイント

　感情のコントロールがにがてで、不安やストレスがたまるとパニックになってしまう生徒はいませんか？

■ 指導・支援の進め方の例

　Ａさんの障がい特性による困難さと併せて、高校と大学の授業環境の違いを考えてみましょう。

事例からわかること

進路先と在学時の共通点

・失敗したと感じたときの動揺の大きさ。

・周りからどのようにみられているのかという不安の大きさ。

Ａさんの「よさ」や「にがてなこと」

・Ａさんはわからないことがあると、質問することができています。

・周りからどのようにみられているのか、肯定的な声かけがないと不安を感じると考えられます。

指導・支援方法について

指導のための仮説から考える

　Ａさんは ASD の診断を受けているものの、WISC-Ⅳ検査結果や日常生活での出来事をふまえた自己理解が不足していると考えてみます。

社会参加をみすえた支援のポイント

●Ａさんが WISC-Ⅳ検査結果と、日常生活での困難さを適切に理解できるためには、どのような支援が必要でしょうか。

●Ａさんが、感情が不安定になったときに自分でできる対処法や予防法として、どのような方法を提案できるでしょうか。

在学中に取り組む指導・支援のてだて

○中学校からの引継ぎをふまえた再アセスメント

　この事例では、中学校からの引継ぎ情報として「ASD」という診断名と、WISC-Ⅳ検査結果が引き継がれています。これらをただ情報として引き継ぐだけでなく、過ごしてきた環境や困難さが現れるきっかけと併せて、「どのような支援があれば解決に向かうか」について、高校で改めてアセスメントをすることが大切です。

　Aさんの「落ち着かない」、「パニックになる」、「拗ねた態度をとる」という表面的な行動に対してその場を切り抜ける支援も必要ですが、なぜそのような行動が現れているのかについて、診断や検査結果を読み取り、困難が現れる背景を理解することで「根拠に基づく支援のてだて」を考えることが可能になります。

　今後、Aさんが様々な場で「合理的配慮」を求める際も、高校で行ってきた根拠に基づく支援のてだてを進路先に適切に引き継ぐことが、卒業後の生活におけるスムーズな支援と、Aさんの一層の成長につながります。

○Aさんを取り巻く環境もふまえた進路指導

　高校時代に突然泣き出したり拗ねたりする回数が、学年が上がると落ち着いていったことから、Aさんにとって高校やクラスが安心できる場であったことが想像できます。

　一方で、大学は固定されたクラスがなく、講義ごとに教室や座席が変わり、受講するメンバーも違うため、Aさんのことを共感的に理解し、適切なタイミングで声をかけたり、近くに居てくれる気の置けない友人が少なくなります。

　高校での進路指導では、進学希望先のオープンキャンパスへの参加だけでなく、「学生支援室」などの支援担当とも連携し、「大学の講義はどのような環境なのか」や「困ったときにどのような支援があるのか」などの「学びの環境の違い」についても理解をうながし、生徒と相談しながら進路指導を進めることが大切です。

　また、学生生活で様々な困難が生じる前に、大学入学決定後の早い時期から学生支援室とつながっておくよう伝えておくことも重要です。

就職先で同じ質問を繰り返す

キーワード ▶ メモの活用方法

事 例

　Aさんは物流会社に就職し、品物のピッキングと箱詰め作業を担当しています。入社当初から、いろいろな人に自分からすすんで挨拶したり、わからないことは積極的に質問したりすることができており、他の従業員からは「元気がある」、「人懐っこい性格」と高評価を受けていました。

　5月の中頃に、Aさんと一緒に作業を行っている従業員から、現場責任者に「Aさんが未だに入社当初と同じ質問を繰り返して困る。」と相談があったため、現場責任者はAさんに「質問したことはきちんとメモに取りなさい。」と指導しました。その後、Aさんは胸ポケットにいつもメモ帳を入れて、質問するときや指示を受けたときには、メモを取りながら真剣に聞いている姿がみられました。

　1か月後、同じ従業員から現場責任者に「Aさんに何回注意しても同じ間違いを繰り返している。どうにか指導してほしい。」と申し出がありました。現場責任者がAさんに「ちゃんとメモを取っているのか。」と確認すると、「言われたとおりメモは取っています。けれど、覚えられなくて、周りに迷惑をかけてしまいます。」と話しました。

Aさんの気持ち

Q　仕事をするうえで、自分なりに工夫していることはありますか？

　自分がいろいろと忘れやすいことは自覚しています。高校のときは、毎日連絡帳を確認して行動するようにしていましたし、困ったときは先生に聞くことで思い出すことができました。

　就職してからは、指示されたとおり、質問したことをメモして覚えようと頑張っていますが、入社したときと比べて怒られることが多くなっている気がします。どうやったら仕事を覚えられるのでしょうか…。

高校在学時の様子

　Aさんは「忘れっぽい」印象が強いです。入学当初から、授業に必要な持ち物を忘れたり、期日どおりに宿題が提出できないことが多くありました。また、急な教室変更があったときなどに一人取り残されていることや、教員や友人に同じことを何度も質問して、あきれられてしまうこともありました。

　そこで、担任が中心となり時間割表をベースにした「連絡帳」を作成し、朝礼と終礼の際に授業や持ち物の確認をしていました。また、困ったことが起きたときには、職員室に確認しに来るように約束をしていました。周りの友人が声かけをしてくれることが多くなると、教室移動の際に取り残されることはほとんどなくなりました。教室移動が連続するときには、職員室に来て確認をすることで、遅刻せずに授業に出席できていました。

協議内容

1 Aさんの様子で、進路先と在学時に共通する点について、あなたの気づきをあげてみてください。

2 進路先の様子から、高校在学中にAさんにどのような指導・支援があればよかったでしょうか。

3 自校の状況をふまえ、同じような困りを抱えている生徒に対し、どのような支援のアプローチが考えられるでしょうか。

明日からの支援に向けて

高校での気づきのポイント

　授業中に同じ内容の質問を何度も繰り返して、周囲を戸惑わせてしまう生徒はいませんか？

■ 指導・支援の進め方の例

　Aさんは「仕事を覚える」ためにメモを活用していますが、Aさんにとって適した方法となっているでしょうか。また、Aさんが仕事をスムーズに進めるために、企業に対し、どのような引継ぎが必要でしょうか。

事例からわかること

進路先と在学時の共通点

・指示されたことや予定を忘れることが多い。

・予定などをメモや連絡帳に書いて忘れないようにしている。

Aさんの「よさ」や「にがてなこと」

・作業順序がわからないときに、周りの人に助けを求めることができます。

・仕事を覚えようとする前向きな気持ちがあります。

・メモを活用して指示されたことを守ろうと頑張っていますが、仕事を覚えられず、気持ちが沈みがちになっています。

指導・支援方法について

指導のための仮説から考える

　Aさんは指示されたときは理解しますが、時間が経過したり、別の作業に取り組んだりすると、前の指示を忘れやすい特性があると考えてみます。

社会参加をみすえた支援のポイント

●Aさんが様々な場面で利用できそうなスケジュールや作業手順の確認方法として、どのような方法を提案できるでしょうか。

在学中に取り組む指導・支援のてだて

○在学中の支援内容から考える

　Aさんのケースの場合、在学中は指導・支援のてだてがうまくいっていたため、困りが少なかったようです。しかし、就職先では高校のときと同様の支援が行われなくなったため、Aさんの困りがクローズアップされることになりました。

　もし、高校在学中に、Aさんが「どんなことに困っていたのか」、「どのような支援があったのか」など、教員からの支援の意図を理解できていたら、就労先でも円滑に過ごすことができていたかもしれません。

　例えば、高校在学中は担任が中心となり、連絡帳を用いて決まった時間に確認することや、困ったときに、どこに聞けばよいかを明確に示していました。これらの支援によって、Aさんは忘れっぽいことによるトラブルを回避できていたと考えられます。

　連絡帳の支援がAさんにとって自然であったように、職場では、その日の作業内容や作業終了の状況などを、Aさんの作業場所に掲示して、決まった時間に確認することで、「メモを見忘れる」という失敗を回避できるかもしれません。

○異年齢集団での取組み

　Aさんが自分の特性に合った方法を主体的に考える取組みとして、部活動や、生徒の小・中学校への出前授業など、異年齢との交流機会を活用したアプローチも考えられます。後輩や年下の子どもたちにAさんが「教える側」となり、相手にわかりやすく伝えるためには、Aさん自身が内容を理解し、覚えきれないことをメモしたり作業手順書を作成したりするなどの工夫を凝らす必要が出てきます。これは、Aさんにとって主体的・実践的な学びの機会となるとともに、成功体験を重ねることで自己肯定感の高まりを期待できます。なお、取組みに当たっては、事前準備や予行演習などを行って、反省点をフィードバックして改善することや、実施内容をスモールステップで設定するなどの工夫が大切です。

事　例

　Aさんは介護福祉に興味を持ち、特別養護老人ホームに就職しました。この職場の勤務形態は早朝・昼・夜の三交代シフト制で、一つのシフトを3日続けて勤務したのち、休日を1日挟んで次のシフトに移ることになっています。

　Aさんは熱心に働いており、自分の作業を終えた後は他の職員の仕事を積極的に手伝ったり、勤務終了時刻がきても、切りのよいところまで作業をしたりしている姿がみられています。

　就職して3か月が経過したころから、Aさんが早朝勤務のときに遅刻することが増えてきました。特に早朝勤務の初日に遅刻することが多いことから、職場の先輩から「夜勤や早朝勤務の時間帯に慣れるまでは、休日はしっかりと休む方がよい。」と助言を受けたので、休日は外出しないように心がけていますが、なかなか改善がみられません。

　他の従業員から「Aさんが遅刻することが多くて業務の引継ぎができず、残業しないといけないことが多い。」と苦情が出ています。

Aさんの気持ち

Q　今の仕事をしてみてどうですか？

　介護の仕事は気を遣うことが多く、夜勤のときは体力的にもしんどいですが、とてもやりがいを感じています。仕事が終わったら遊びに出かけたりせず、すぐに家に帰っています。家ではテレビを見たり、スマートフォンでゲームをしたりすることが楽しみで、ストレス解消や気分転換になっています。それに、先輩に「しっかりと休むように。」と言われたので、休日は寝だめするようにしています。

　朝は寝坊して朝食を抜くことがよくありますが、昼食をたくさん食べるようにしているので大丈夫です。

　また、遅刻してしまったときは、その分残業するようにしています。

高校在学時の様子

　Aさんは硬式テニス部に所属していましたが、朝練に遅刻することが多く、午前中の授業は疲れている雰囲気がよく見受けられました。「部活動が終わって帰宅したら疲れて寝てしまった。」と言って宿題などを忘れてくることも多かったです。

　学校が終わってからファストフード店でアルバイトをしていたようですが、人数が足りず忙しかった日の翌日は遅刻したり、体調不良を訴えたりすることが多かったです。そのような日に掃除当番に当たっていて、友人が代わりにやってくれたときには、次の掃除はすすんで自分一人で行っていたようです。

協議内容

1 Aさんの様子で、進路先と在学時に共通する点について、あなたの気づきをあげてみてください。

2 進路先の様子から、高校在学中にAさんにどのような指導・支援があればよかったでしょうか。

3 自校の状況をふまえ、同じような困りを抱えている生徒に対し、どのような支援のアプローチが考えられるでしょうか。

明日からの支援に向けて

高校での気づきのポイント

生活リズムが乱れやすく、遅刻が続いたり、体調不良を訴えたりすることが多い生徒はいませんか？

指導・支援の進め方の例

Aさんは生活リズムを整えることができず、遅刻や体調不良の形で現れているようです。Aさん自身は「しっかり休んでいる」と思っていても、疲労がどんどん蓄積していっているようです。

事例からわかること

進路先と在学時の共通点

・朝の時間帯がにがて。

・忙しくなると、生活リズムを整えるのが難しくなる。

Aさんの「よさ」や「にがてなこと」

・自分の仕事にやりがいを感じています。

・疲労をなかなか回復できていないようです。

・朝食を毎日摂ることへの意識が低いようです。

・自分の遅刻が周りの人にどのような影響があるか思い至っていないようです。

・遅刻した分を取り戻そうという意識があります。

指導・支援方法について

指導のための仮説から考える

Aさんは「生活リズムを把握すること」と「自分の行動を客観的にとらえること」がにがてであると考えてみます。

社会参加をみすえた支援のポイント

●Aさんが、自分の生活リズムの乱れや体調不良の要因を意識できるようにするには、どのような方法が考えられるでしょうか。

在学中に取り組む指導・支援のてだて

○規則的な生活リズムを保つ

　Aさんは朝食を摂らずに出勤しているようです。昼食はしっかりと食べていますが、起床してから昼食までは空腹であることが多くなっています。

　朝食を抜くことによって、午前中の作業に必要な体力や集中力が低下してしまい、ミスをしたり、イライラしたりしてしまうことが増えてしまいます。もしかすると、高校においても午前中の授業で同じような状況が起きていたかもしれません。卒業後をみすえた支援の検討の際に、Aさんにとって、起床時間を早くすることが難しいようであれば、軽食や栄養補助食品などを活用した、短時間で栄養補給できるてだても考えられます。

　また、就職すると、学生時代とは違う時間・スケジュールで働かなければならないことが多いため、進路指導の一環として、希望する職種で働く先輩の体験談を聞く機会を設けることなども、卒業後の生活リズムを考えるうえで大切な指導です。

○体調不良の予兆を把握する

　Aさんは休日に寝だめをして疲労を回復しているつもりですが、長時間寝ることで、かえって生活リズムが狂ってしまい、疲労が蓄積してしまうことにもなります。必要に応じて適度な運動を行うことなど、自分の体にとってどのような生活リズムが適しているのか、余暇の過ごし方もふまえた学習をしておくことが大切です。

　Aさんに合った体調管理の方法として、自身の体調不良の予兆がどんな行動として現れるのかを把握するために、カレンダーに遅刻や欠勤をした日、気分が優れない（仕事に気が向かない）日に印をつけて、傾向を把握するなどの方法もあります。加えて、質のよい睡眠をとるための方法や工夫など、適切な余暇の過ごし方について意識できるような支援が考えられます。

　また、部活動指導の一環として、効果的な栄養摂取と休息の関係などについて学習する機会を設けることもよいでしょう。

7

整理整頓ができない

キーワード ▶ 持ち物管理　整理整頓

事　例

　Aさんは日用品を扱う商社に就職し、総務部に配属となりました。この会社では総務部は職員の勤怠管理や郵便物の仕分けと各課への集配、建物内の簡易清掃、外線電話の取次ぎなどの業務を担当します。

　入社して1か月が経ち、社内でAさんの仕事ぶりについて批判的な意見が聞かれるようになってきました。

　Aさんは、建物内の清掃をするときに、数か所ある給茶機の清掃を行いますが、清掃できていない場所があり、他の従業員から指摘を受けることが多くあります。また、仕事場の机は乱雑な状態で、常に書類やファイルが平積みになっています。そのため、仕分けする郵便物が紛れてしまうことや「〇月〇日の会議資料を出して。」と言われても、なかなか見つけられないことがあります。

　Aさんはいつも一生懸命で、怠けている様子はみられず、指摘されたときも素直に受け止めていますが、改善がみられません。このままでは職場で孤立してしまいそうです。

Aさんの気持ち

Q　この仕事を選んだきっかけは何ですか？

　家族から「事務関係の仕事がいいのでは？」と勧められ、この会社を志望しました。外線電話の取次ぎはにがてな仕事ですが、まだ入社して間もないので、慣れたらできるようになります。そのほかの仕事はだいたいできています。

高校在学時の様子

　遅刻や欠席はなく、毎日登校していました。ただ、机周りやロッカーのなかは整理できず、保護者あてのプリントも鞄に「とにかく詰め込む」といった状態でした。大事な提出物があるときには、担任から保護者に連絡を取り、忘れることのないように支援を行っていました。

　物理や化学の実験のときには、授業時間内に片づけが終わらず、他の生徒に助けてもらっていました。

　「机の周りを整理しよう。」や「〇〇の次は△△。」という指摘を受けた直後は片づけたり、手順を守ったりできますが、いつの間にか忘れている様子でした。

協議内容

1 Ａさんの様子で、進路先と在学時に共通する点について、あなたの気づきをあげてみてください。

2 進路先の様子から、高校在学中にＡさんにどのような指導・支援があればよかったでしょうか。

3 自校の状況をふまえ、同じような困りを抱えている生徒に対し、どのような支援のアプローチが考えられるでしょうか。

明日からの支援に向けて

高校での気づきのポイント

　机周りやロッカー・鞄のなかが乱雑であったり、忘れ物が多かったりする生徒はいませんか？

指導・支援の進め方の例

　Aさんは一生懸命に仕事に取り組んでおり、指摘を素直に聞くことができていますが、Aさん自身が「困り」や「焦り」を実感しているでしょうか。

　また、就職先の仕事内容や職場環境について、Aさんはどの程度理解できていたでしょうか。

事例からわかること

進路先と在学時の共通点

・整理整頓がにがて。

・おおざっぱなところがある。

Aさんの「よさ」や「にがてなこと」

・指摘されたことに素直に受けとめる気持ちがあると思われます。

・対人関係についての困りはあまりないようです。

・整理整頓することの必要性や、指摘されたことへの困りや焦りは感じていないように思われます。

指導・支援方法について

指導のための仮説から考える

　Aさんは「周囲や保護者からの援助があったために、整理整頓することについて必要性や困りを感じなかった」と考えてみます。

社会参加をみすえた支援のポイント

●Aさんが整理整頓に主体的に取り組むために、どのような支援が考えられますか。

●Aさんが自分で作業の順序などを確認ができる方法として、どのような支援が考えられますか。

在学中に取り組む指導・支援のてだて

○整理整頓の意識づけ

　高校在学中も机周りや鞄のなかが乱れている状態ですが、担任と保護者の連携により提出物は締切りまでに提出することができており、Aさんが困った状況に陥らなかったと考えます。机の周りが乱れている状態に対して、就職先で一緒に働く人が、どんな印象を持つかをAさんが意識できるように働きかけることが大切です。

○持ち物管理の方法について

　保護者との連携による支援に加え、卒業後の社会生活をみすえて授業プリントや提出物、家庭への連絡プリントなど様々な持ち物を管理するためのスキルを身につける必要があります。そのためには、用途別にファイルを分ける、収納場所のルールを決めるなどの方法が考えられます。

　Aさんが自分に合った用具やツール（鞄やファイルなど）を主体的に選択できるように支援しましょう。

○作業手順を理解する方法について

　高校在学中は、周りの様子を見ながら作業を進めたり、Aさんの作業が遅れているときには一緒に取り組んでいる生徒が手伝ったりするなど、授業で大きく遅れることがなかった可能性があります。就職後は一人で作業をしなければならないことを想定し、どのような支援が適切かを検討する必要があります。机上に置いて確認できる手順書や、ひとつの作業が完了するごとに記入するチェックシートなどを取り入れる方法が考えられます。

○クラス全体で取り組む整理整頓

　Aさんにつきっきりで教員が指導・支援することは、生徒どうしのやりとりが減少するだけでなく、Aさんが「自分だけが、いつも特別な指導をされている」と感じることで自尊感情の低下を招くこともあります。「Aさんだけ」でなく「クラスみんなで」という観点からの支援も考えましょう。

　例えば、授業開始前に机の並びを整頓することや、定期的にロッカーの整理の機会を設けるなど、クラス全体が整理整頓のために動くことも、Aさんに整理整頓を意識させるきっかけとなります。

　Aさんの卒業後をみすえ、徐々に自分でできるような支援に移行することを念頭に置いて取り組みましょう。

8

シフト勤務の調整で…

キーワード ▶ ルール順守　マナー意識

事　例

　Aさんは、高校卒業後にスーパーマーケットに就職しました。このスーパーマーケットは不定休のため、週休二日制でシフトを組むこととなっています。また、繁忙期である月末はシフトが変則的になることもあります。Aさんは、保護者の助言を受けて「日曜日と水曜日」に休むシフトを基本として勤務を始めました。

　Aさんは遅刻や欠勤はなく勤務態度もまじめで、先輩社員の指示をよく聞いて順調に働いています。

　ある金曜日、翌日の土曜日に出勤予定だったAさんが、上司に「明日は休みます。」と告げました。上司から「明日は出勤の日だよね？」と問われると、Aさんは「はい。でも、急に予定ができたので、翌週の水曜日の休みを変更して、明日休みをもらいます。」と話しました。

　それを聞いた上司が「みんなでシフトを調整してるから、何か特別な事情があるなら仕方ないけど、急に休まれると他の従業員が困る。」と伝えると、Aさんは「じゃあ、これからは土曜日と日曜日に休むシフトに変更してください。」と申し出たため、上司は驚きました。

Aさんの気持ち

Q　今の仕事への不安や不満はありますか？

　仕事を始めてから気づいたのですが、土曜日と日曜日に休まないと、友人と遊ぶことができません。学校でも土曜日と日曜日は休みでした。

　入社したときに「1か月単位で休むことができる日数は決まっていて、事前に伝えておけばシフトの曜日以外でも自由に休むことができる。」と職場の人が言っていました。

　次の週は今のところ遊ぶ予定はないので、それなら、次の週の休みを明日にまわせばよいと思いました。来週は1日多く働くし、休みを増やしているわけではないので、なぜ周りの人が困るのかわかりません。

高校在学時の様子

　Ａさんは授業中は特に気になることはなかったのですが、課題提出の期限を守ることができないことがよくありました。特に、休日に部活動の大会等があったときに提出できないことが多かったことから、そんなときは「なぜ提出できなかったのか」と「いつまで締切りを伸ばせば提出できるのか」をＡさんに自分で考えて決めさせると、約束どおりに提出することができていました。

　部活動はとても熱心に取り組んでいましたが、部員全員で話し合って練習日を決めるときに「その日は〇〇があるから無理。」と、自分の都合を一方的に押し付けたり、急な予定変更をしようとしたりするので、他の部員とトラブルになり、部長や顧問の教員が仲裁に入ることがたびたびありました。

協議内容

1 Ａさんの様子で、進路先と在学時に共通する点について、あなたの気づきをあげてみてください。

2 進路先の様子から、高校在学中にＡさんにどのような指導・支援があればよかったでしょうか。

3 自校の状況をふまえ、同じような困りを抱えている生徒に対し、どのような支援のアプローチが考えられるでしょうか。

明日からの支援に向けて

高校での気づきのポイント

相手との約束や校則などのルールを、自分の解釈で変更し、周囲とトラブルになってしまう生徒はいませんか？

指導・支援の進め方の例

Ａさんにとって、「職場のルール」や「相手との約束」は、どのような位置づけとなっているでしょうか。

事例からわかること

進路先と在学時の共通点

・自分の予定の優先順位が高い。

・自分の言葉や行動が周囲にどのように受け取られるか想像できない。

Ａさんの「よさ」や「にがてなこと」

・自分が決めたルールを守ることができています。

・相手や周囲の状況を推しはかることがにがてだと思われます。

・今まで周りの人が環境を整えてきたために、大きなトラブルがなかったと考えられます。

・一度言われたことをよく覚えています。

指導・支援方法について

指導のための仮説から考える

Ａさんは「自分が納得して決めたルールを守ろうとする」ということをポイントに、支援のてだてを考えてみます。

社会参加をみすえた支援のポイント

●Ａさんが「会社で働くうえでのルールやマナー」を意識できるようにするには、どのような支援が考えられますか。

在学中に取り組む指導・支援のてだて

○配慮を申し出る意識づけ

　在学時の様子では、提出物の期限を守れないときには、教員からの提案があったうえで、Aさんが自分で期限を決め、それを守ることができています。しかしながら、「なぜ、その配慮が必要なのか」Aさんが考えて自発的に申し出るエピソードがありません。卒業後の社会生活では、Aさんの障がい特性による困難さに対する合理的配慮を得ようとするときには、自分から配慮を申し出ることに加え、その配慮の妥当性を説明する必要があります。提出期限を守らせることも大切な指導・支援のポイントですが、「なぜ守らないといけないのか」、「どうして期限を遅らせる必要があるのか」をAさん自身が考える機会を設けることも大切なことです。

○ソーシャルスキルトレーニングを取り入れる

　在学時のエピソードでは、複数の人間がそれぞれの予定をすり合わせて調整しなければならない場面で、本人は自分の予定を伝えているだけのつもりでも、周囲からは自分の都合だけを主張しているようにみられています。加えて、Aさんはなぜ周囲が怒っているのかを理解できていない可能性も考えられます。

　他者に意思を伝えたり、関わりを求めるときのルールやマナーは、知識だけでなく、体験として学ぶことも重要です。例えば、様々な場面を想定したロールプレイをとおして、「このような場面では、○○と■■のどちらの伝え方がよいと思うか」や、「相手が○○のような表情をしていたら、どんな感情だろうか」など、本人の特性をふまえてテーマ設定を行い、知識と体験から学んでおくことが考えられます。

○変更できないルールがあることを理解する

　職場で決められているルールは、「社員の安全を確保するため」や「職場環境を整えるため」に設けられています。例えば、製造工場で作業手順が決められているのは、作業者が負傷しないためや、不良品が社会に出回ることで、お客様に危害を与えないためだけでなく、事故が起きた際の会社への影響など、様々なリスクを避けるために設けられています。どのようなルールが定められているかは業種・企業によって異なりますが、社会参加をするうえで、自分の決めたルールとは違っても「必ず守らなければならない、変更できないルールがある」ということを理解させることが大切です。

9

休日の過ごし方

キーワード ▶ 余暇の充実

事 例

　Aさんは百貨店の販売スタッフとして就職し、職場の同僚ともすぐに打ち解けることができました。入社して3か月が経ったころ、職場のマネージャーにAさんの同僚から「Aさんが、自分が休みの日にも売り場に来て話しかけてくるので、迷惑している。なんとか指導してもらえないか。」と申し出があったため、Aさんを呼んで「自分が休みの日でも、他の人は勤務をしているのだから、話しかけると迷惑になるのでやめましょう。」と指導をし、Aさんも納得をした様子でした。

　1か月が経ち、Aさんが休日のときに、売り場で姿を見かけることはなくなりましたが、再度、Aさんの同僚から「Aさんが、自分の休日にも会社に出てきていて、いつも休憩室にいる。休憩中はゆっくり過ごしたいのに、いつもAさんが話しかけてくるので休憩室を使いにくい。」との申し出がありました。

　マネージャーがAさんに「休みの日に、なぜ職場に来るのか。どこかに遊びに出かけたりしないのか。」と聞くと、「家族から『どこかに遊びに出かけてきたら』と言われて、思いつく場所に行ってみている。」と答えました。

Aさんの気持ち

Q　なぜ休みの日に会社の休憩室に行くのですか？

　前に「勤務時間に話をしてはいけない。」と怒られたので、休憩時間であれば大丈夫と思って、休憩室にいるようにしました。休憩室はいろいろな人が来るので、話を聞いているだけでも楽しいです。

Q　仕事のない日は何をして過ごしていますか？

　仕事が終わって家に帰ると面白いテレビ番組が観られますが、休みの日の昼間は興味のある番組がなく、テレビも面白くありません。そんなときは、本屋で立ち読みをしてみたり、自転車で高校の近くをとおってみたりと、思いつくところに行っています。

高校在学時の様子

　Aさんは部活動などの放課後の活動には参加していませんでした。仲の良かったBさんと一緒に休憩時間や放課後などを過ごしていましたが、Bさんの部活動がある日は、職員室周辺をうろうろし、とおりかかる教員に話しかけて時間を過ごしている様子でした。

　保護者から休日の過ごし方について話を聞くと、近所の小・中学生と一緒に遊んでいることが多いとのことでした。

　Aさんに「趣味や特技は何か。」と聞くと、「サッカー、読書、カードゲームと…。」など、Aさんの様子からイメージできない内容や、エピソードに具体性を欠くことが多かったため、本当に熱中できる趣味があったか不明です。

協議内容

1 Aさんの様子で、進路先と在学時に共通する点について、あなたの気づきをあげてみてください。

2 進路先の様子から、高校在学中にAさんにどのような指導・支援があればよかったでしょうか。

3 自校の状況をふまえ、同じような困りを抱えている生徒に対し、どのような支援のアプローチが考えられるでしょうか。

明日からの支援に向けて

高校での気づきのポイント

同年齢の友人よりも異年齢と過ごすことを好んだり、打ち込めるような趣味がないなど、卒業後の余暇の過ごし方を具体的にイメージできない生徒はいませんか？

指導・支援の進め方の例

Aさんにとって職場が楽しい場所になっていることはよいことですが、仕事とプライベートの切替えができていないようです。より充実した余暇活動を過ごすために、どのような提案ができるでしょうか。

事例からわかること

進路先と在学時の共通点

・自分が暇なときには他者に話を聞いてもらって過ごしている。
・活動の場所が「家」「学校」「職場」など限定的。

Aさんの「よさ」や「にがてなこと」

・Aさんにとって職場が安心できる、楽しい場所であると思われます。
・Aさんは余暇活動のバリエーションが少ないため、職場に来ていると思われます。
・Aさんは、いろいろなことに興味はあるが、実際に活動することができなかったり、長続きしないかもしれません。

指導・支援方法について

指導のための仮説から考える

Aさんが「自分で自由にしていい時間の使い方がわからない」と仮定し、Aさんが余暇活動を充実させるためには、どのようなてだてが考えられるかを検討してみます。

社会参加をみすえた支援のポイント

●Aさんにとって「楽しい」、「リラックスできる」、「またやってみたい」という余暇の過ごし方はどのようなものがあるでしょうか。また、実際に取り組むためにはどのような支援が考えられますか。

在学中に取り組む指導・支援のてだて

○放課後を活用した体験活動

　Ａさんの趣味の話が様々に変化することに注目し、「まずは学校でできることをやってみよう」と、教員から提案することで、Ａさんの行動を支援します。その際に、同じように「やってみたい」と感じている生徒にも呼びかけて活動を始めることで、Ａさんの体験活動に「コミュニティ」が生まれます。

　友人と一緒に取り組むことで、豊かな経験を積むことに加えて、休日の過ごし方にも変化が表れるかもしれません。

○時間の使い方のレクチャー

　Ａさんが「自分で自由にしていい時間の使い方がわからない」と仮定すると、Ａさんへの支援として「自由時間を活用するためのトレーニング」が考えられます。例えば、「始業前の10分間にできること」や「1時間の昼食休憩の使い方」、「夕方の3時間の使い方」など、場面と時間を具体的に設定し、「何をしたいのか」や「何ができるか」について、Ａさんが主体的に考える取組みです。学校は「時間の使い方」を予習・復習する場所ととらえ、実際に休日に過ごしてみた感想をＡさんが教員とともに振り返ることで、より主体的な取組みとなるでしょう。進路先での時間の使い方をみすえた取組みとなるようにしましょう。

○一人でも楽しめる趣味を見つける

　Ａさんが「一人で取り組むことができる活動」を見つけることも、余暇活動を充実させるうえでポイントとなります。ジョギングやサイクリング、体力づくりなど、大掛かりな準備を必要とせず、気軽に始められて、継続できる活動が望ましいでしょう。例えば、体力づくりの運動は、周りに合わせて無理をする必要がないという気軽さと、1日の運動目標をやり遂げたときや、筋力がアップしたときの達成感を感じやすい取組みといえるでしょう。Ａさんが達成感を得られ、「もっと続けたい」という感想を持てる活動を探りましょう。

10 大きな声や物音によって仕事に集中できない

キーワード ▶ 感覚過敏 環境調整

事 例

　Aさんは物流関係の事務職に就職し、主に伝票整理や在庫管理、勤怠管理などを行っています。基本的にはオフィスでの業務ですが、隔日の午前中に倉庫に商品が届くので、在庫状況の確認のために倉庫での作業を行います。倉庫での作業は静かな状況であれば全く問題はありませんが、大きな声や物音が聞こえると集中できなくなり、在庫のチェックミスや、倉庫担当者の指示を聞き漏らすことが多々あります。

　また、オフィスにいるときにも、同僚や来客の大きな声が響いたり、いろいろな音で騒々しい状態になったりすると仕事が手につかず、耳を塞いでしまうこともあります。そのため、他の人から「話や指示をちゃんと聞いていない。」と注意されます。

　普段は勤務態度もまじめで、仕事量もよくこなしているのですが、大きな声や物音に敏感に反応して仕事がストップしたり、ミスが多発したりするため、周りから安心して仕事を任せることができないと言われるようになってきました。

Aさんの気持ち

Q　今の仕事をどのように感じていますか？

　大きな声や大きな物音、特に突然の大きな音がにがてなので、倉庫で作業をするのはしんどいですが、自分が担当する仕事には一生懸命に取り組んでいきたいと思っています。しかし、どうしても大きな声や音に過敏に反応してしまうときがあり、そんなときは周りの人に伝えた方がよいのか迷います。耳栓をすると少しは楽になりますが、仕事の話も聞き取れなくなるので我慢しています。

Q　高校時代ににがてだったことはありますか？

　高校時代は、大きな声で授業をする先生や怒鳴る先生はにがてでした。特に、先生が怒鳴っているときは我慢できなくて両手で耳を塞いでいました。自分が大きい声で話すことは平気でしたが、他人の大きな声はにがてでした。でも、日によってそれほど気にならないときもあったので、自分でもよくわからなくて、周りの人にもどう伝えていいかわかりませんでした。

高校在学時の様子

　Aさんはおとなしい性格で、いつも静かに過ごしていました。授業態度はまじめで、内容もきちんと理解できているため学習上のつまずきもなく、友人関係のトラブルも気になるようなことはありませんでした。

　しかし、ホームルームや体育などの集団活動で、他の生徒が突然大きな声を出したり、騒々しくなったりしたときに、耳を塞いでいることが度々ありました。特に、怒られたり注意されたりするときの大きな声はにがてで、声や音に過敏に反応していたことが印象的だったので、授業担当者にはできるだけ大きな声にならないように配慮してほしいと伝えていました。クラスには一緒に登下校する仲の良い友人がいましたが、昼食時は教室や食堂にいたくないと言って一緒に行動せず、校内の静かな場所で一人で食べていることが多かったと思います。

協議内容

1 Aさんの様子で、進路先と在学時に共通する点について、あなたの気づきをあげてみてください。

2 進路先の様子から、高校在学中にAさんにどのような指導・支援があればよかったでしょうか。

3 自校の状況をふまえ、同じような困りを抱えている生徒に対し、どのような支援のアプローチが考えられるでしょうか。

明日からの支援に向けて

騒がしい環境がにがてで、一人で過ごすことが多かったり、教員やクラスメイトの大きな声や周囲の音に過敏に反応したりする聴覚過敏の傾向がみられる生徒はいませんか？

指導・支援の進め方の例

Aさんの感覚（聴覚）過敏は、どのような特徴があるのでしょうか。高校時代の出来事や、現在の職場環境をふまえて考えてみましょう。

事例からわかること

進路先と在学時の共通点

・大きな声や物音に過敏に反応してしまう。

・雑音の多い騒々しい環境がにがて。

・突然の音が特ににがて。

Aさんの「よさ」や「にがてなこと」

・Aさんは大きな声や物音、騒々しい状況がにがてという自覚があります。

・与えられた仕事に真摯に取り組もうとする姿勢があります。

・聴覚過敏であることを他者にどう話すか、その伝え方を迷っています。

指導・支援方法について

指導のための仮説から考える

Aさん自身が、聴覚過敏への自己理解と対応について十分に理解を深められていないのではないかと考えてみます。

社会参加をみすえた支援のポイント

●周りの人の声や物音という環境と、Aさんの聴覚過敏の症状はどのような関係性があるでしょうか。

●Aさんに必要な環境調整や配慮を周りの人と共有するために、どのような支援が考えられますか。

在学中に取り組む指導・支援のてだて

○Aさんの感覚（聴覚）過敏の気づきと対応

　Aさんの高校時代を振り返ると、大きな声や物音への過敏の特性があったことが読み取れます。Aさん自身は以前から、人の声や音への感覚過敏があることは自覚していましたが、日によって感じる度合いが異なり、ほとんど気にならないときもあることから、自分の過敏さの特性を深く理解していなかったものと考えられます。

　聴覚過敏の可能性を意識してAさんの様子を見ると、他の生徒が突然大きな声を出したり、騒々しくなったりすると耳を塞いでいたことや、怒鳴り声が特ににがてで過敏に反応していたことが気づきのポイントと言えるでしょう。卒業後の生活をみすえ、Aさんと話し合ったうえで、耳栓を使用して感覚刺激を軽減したり、その場を少し離れて静かなところでクールダウンしたりするなどの対処法を在学中に実践しておくことが大切です。

○職場での環境調整のために

　Aさんの感覚過敏の状況と、高校で実践した感覚過敏への対処法を就職先に引き継ぎ、どのような環境であれば困ることなく過ごせるのか、Aさんや職場の人と一緒に考えていくことが大切です。例えば、人の声や音の影響が少ない場所に席を置いてもらう、感覚過敏が顕著になる前に、別の静かな部屋やスペースでしばらくクールダウンしてから戻るようにするなどの対応が考えられます。Aさんにとって適切な環境調整がなされないまま仕事を続けると、度重なるミスなどから、周囲の人のAさんの仕事ぶりへの不信感が大きくなり、その結果、Aさんの自己肯定感の低下を招くことになります。

○感覚過敏の理解と対応について

　感覚過敏はその日の体調や心理状況、周りの環境状況によって様々です。感覚の特性の例として、以下のようなものが考えられます。

- ●視　覚…教室の蛍光灯がまぶしい、ノートやプリントの白さがまぶしい、パソコンやスマートフォン等の画面がまぶしい、人混みなど動くものがたくさん視界に入ると体調を崩す　など
- ●聴　覚…特定の音がにがて、騒々しい場所での声や音の聞き分けがにがて、時計の秒針や換気扇の音が気になる　など
- ●触　覚…服の着心地にこだわる（縫目やタグが気になる）、手に水がつくのが嫌、他人に触られることを嫌がる　など
- ●嗅　覚…特定のにおいがにがて（柔軟剤、石けん、化粧品、食品、バスなどの乗り物　など）
- ●味　覚…特定の味や舌ざわりがにがて、味や食感が混ざることを嫌がる　など
- ●その他…乗り物やエレベータで酔いやすい、季節に合わない服装をしている、けがの痛みや頭痛に鈍感　など

【対応例】
- ・原因を取りのぞく（大きな音を避ける、気分が悪くなったら退室する、服の生地を変える…など）
- ・アイテムを活用する（サングラス（視覚）、耳栓・イヤーマフ（聴覚）、マスク（嗅覚）…など）
- ・事前に伝えて気持ちの準備をうながす（大きな音が○回鳴る、○○に触ることがある…など）

　卒業後をみすえた指導として、感覚過敏の特性や対処法についてAさんと話し合いながら自己理解を深めることに加え、他者への伝え方も考えておくことが大切です。

Ⅲ 資料編

高校生活支援カードについて

目　的：高校生活支援カードは、高校生活に不安を感じている生徒や理解されにくい障がいである発達障がいのある生徒、またはその特性のある生徒等の状況やニーズを入学時に把握し、指導・支援のスタートとすることを目的に作成します。高校生活支援カードの作成が、個別の教育支援計画の作成のはじまりとなり、カードの内容をもとにして、個別の教育支援計画の記載をすることができます。

様　式：学校の状況に応じて、Ａ４判とＡ３判のどちらかの様式を選択します。

時　期：入学時の合格者説明会等で高校生活支援カードを配付し、入学手続き時等に回収します。

対　象：すべての入学者を対象とします。

　　　　（ただし、生徒の状況により個別に聞取り等が必要な場合は、別途対応することも可能です。）

記入者：保護者、本人

管　理：学級担任等

活　用：中学校訪問、保護者面談、合理的配慮の決定、ケース会議、教育相談、学年会議、学習支援、事象等対応、進路指導（障がい受容等）、個別の教育支援計画作成等

参考書籍：『高校で学ぶ発達障がいのある生徒のための 明日からの支援に向けて』
　　　　　『高校で学ぶ発達障がいのある生徒のための 共感からはじまる「わかる」授業づくり』

STEP1

高校生活支援カード

Ⅰ 将来の目標等について
【生徒が記入】

Ⅱ 地域との関わりについて
【保護者が記入】

Ⅲ 安全で安心な学校生活を過ごすために
【保護者が記入】
・学校生活への不安
・配慮や支援の内容
・障がい等について
・評価の要望

状況に応じてケース会議等の開催

STEP2

高校版 個別の教育支援計画

○障がい等の状況

○本人・保護者のニーズ
○関係機関との連携

○支援の目標
○支援（合理的配慮）の内容
○評価（評価の時期）
○保護者の署名

個別の指導計画

○教科の指導・支援方針・内容

○生徒の状況

○支援の目標
○支援（合理的配慮）の内容
○評価の観点
○評価（評価の時期）

個別の教育支援計画の作成

状況の把握

気づき・連携

A４判 高校生活支援カード

人との関わり方、職業観について、本人の心情を把握します。質問項目を追加することは可能

高校生活支援カード

1年	組	2年	組	3年	組	

生 徒 名 ＿＿＿＿＿＿＿＿＿＿＿＿＿　　出身中学校 ＿＿＿＿＿＿＿＿＿＿

保 護 者 名 ＿＿＿＿＿＿＿＿＿＿＿　　記 載 日　　　　年　　　月　　　日

Ⅰ 将来の目標等について（生徒本人が記入してください）＊該当する□に✔をつけてください。

1 人との関わり方・働き方について（生徒本人が記入してください）

次のAとBのうち、大切にしたい方の数字に〇をつけましょう。どちら～せん。自分の気持ちに正直に選択してください。

本人のニーズ

【人との関わり方】

A	1 2 3 4	B
いろいろな人と友人になりたい	1 2 3 4	必要な人とつきあい
人の意見を聞いて行動する	1 2 3 4	自分で考えて行動す
困った時は人に相談する	1 2 3 4	困った時は自分で解決する

【将来就きたい仕事について】

A	1 2 3 4	B
幅広くたくさんのことに挑戦したい	1 2 3 4	一つのことを極めたい
毎日いろいろな人と接する仕事	1 2 3 4	毎日接する人が決まっている仕事
能力を十分にいかせる仕事		能力をいかせるかにはこだわらない

得意な力については、選択肢を変更することはできませんが、記述を変えることは可能（例：□先生の話をきちんと聞く力⇒□先生の指示を的確に把握する力）

く　く
A　B
のの
項項
目目
とと
思思
うう

自己認知評価（＊）

2 自分がもっとも得意と感じる力について、次の3つの中から1つ選んでください。

□先生の話をきちんと聞く力　□課題や提出物等をやりとげる力

3 卒業後の進路について、希望する進路を選んでください。

□進学　□就職　□未定　□その他の進路（

選択肢を追加することは可能（例：□進学⇒□国立大学　□私立大学　□専門学校　□就職⇒□就職　□アルバイト）

長期的目標

Ⅱ 地域との関わりについて（保護者の方が記入してください）＊該当

1 小中学校時代の地域等との関わりについて（複数回答可）

関係機関との連携

□教育関係（地域のスポーツクラブや学習塾等）
□地域関係（子ども会や他の団体等）
□福祉関係（地域の福祉機関やボランティア団体等）
□医療関係（かかりつけの医療機関等）

＊さしつかえがなければ、具体的にどのような団体や機関で活動されていたのか書いてくださ

選択肢の説明文（カッコ内の文章）を変更することは可能

Ⅲ 安全で安心な高校生活を過ごすために（保護者の方が記入してください）

1 高校生活で不安に感じること（複数回答可）

保護者のニーズ

□成績　□進級　□卒業　□進路　□友人関係　□コミュニケーション　□いじめ
□通学　□遅刻　□欠席　□忘れ物　□提出物　□生活指導面
□その他（　　　　　　　　　　　　　）

2 これまでの学校生活で、不安に感じたことや通学しにくくなるような出来事はあり

選択肢を追加、変更することは可能（例：□座席　□制服）

□は

3 入学後、スクールカウンセラーによるカウンセリングを希望しますか。　□はい　□特にない

4 学校生活面で配慮を希望することがありますか。

障がい等の有無

5 学習面で教員に配慮を希望することがありますか。

6 障がい等で支援を希望することがありますか。

人との関わり方、職業観について本人の心情を把握します。質問項目を追加することは可能

□す

配慮の内容（□トイレ　□食事　□更衣　□友人との関係　□服装等のこだわり　□その他）

支援の内容

＊さしつかえがなければ、具体的にどのような支援が必要か記入してください。

得意・評価（＊）

7 本人が得意なこと（自慢できること）や評価してほしいところについて書いてください。

＊得意・評価の欄の3つの観点については、書籍『高校で学ぶ発達障がいのある生徒のための 共感からはじまる「わかる」授業づくり』の理論編P 21 ～ 23、資料編P 95 ～ 107 をもとに設定しています。

＊〇印は、高校版 個別の教育支援計画に必要な項目（資料編 No. 2 - 3参照）

大阪府立高等学校
高校生活支援カード

大阪府立〇〇高等学校

生徒名	

　高校では、これまでとちがった環境での学びがスタートします。新しい出会いやはじめて経験する授業など期待が膨らむ一方で、高校生活に不安を感じることもあります。このカードは、高校が、これまでの生徒の学びや育ちを引継ぎ、すべての生徒にとって、安全で安心な学校づくりをすすめるために作成します。

　作成したカードは、教育相談、生徒指導、進路指導、支援委員会などで生徒の指導・支援の充実に向けて活用します。また、必要に応じて個別の教育支援計画の作成につなげていきます。

※　二つ折りのまま回収します。
※　内側にも名前を記入してください。

高校生活支援カード

1年　　組	2年　　組	3年　　組	

生 徒 名 _____　　出身中学校 _____

保 護 者 名 _____　　記 載 日　　　年　　　月　　　日

Ⅰ 将来の目標等について（生徒本人が記入してください） ＊該当する□に✔をつけてください。

１ 人との関わり方・働き方について（生徒本人が記入してください）

次のAとBのうち、大切にしたい方の数字に〇をつけましょう。どちらが正しいということはありません。自分の気持ちに正直に選択してください。

【人との関わり方】

【数字について】
1…つよくAの項目と思う　2…ややAの項目と思う　3…ややBの項目と思う　4…つよくBの項目と思う

A	1　2　3　4	B
いろいろな人と友人になりたい	｜＿｜＿｜＿｜	必要な人とつきあいたい
人の意見を聞いて行動する	｜＿｜＿｜＿｜	自分で考えて行動する
困った時は人に相談する	｜＿｜＿｜＿｜	困った時は自分で解決する

【将来就きたい仕事について】

A	1　2　3　4	B
幅広くたくさんのことに挑戦したい	｜＿｜＿｜＿｜	一つのことを極めたい
毎日いろいろな人と接する仕事	｜＿｜＿｜＿｜	毎日接する人が決まっている仕事
能力を十分にいかせる仕事	｜＿｜＿｜＿｜	能力をいかせるかにはこだわらない

２ 自分がもっとも得意と感じる力について、次の３つの中から１つ選んでください。

□先生の話をきちんと聞く力　□課題や提出物等をやりとげる力　□発言や発表、企画・立案をする力

３ 卒業後の進路について、希望する進路を選んでください。

□進学　□就職　□未定　□その他の進路（　　　　　　　　　　　　　　　　　）

Ⅱ 地域との関わりについて（保護者の方が記入してください） ＊該当する□に✔をつけてください。

１ 小中学校時代の地域等との関わりについて（複数回答可）

□教育関係（地域のスポーツクラブや学習塾等）
□地域関係（子ども会や他の団体等）
□福祉関係（地域の福祉機関やボランティア団体等）
□医療関係（かかりつけの医療機関等）

＊さしつかえがなければ、具体的にどのような団体や機関で活動されていたのか書いてください。

Ⅲ 安全で安心な高校生活を過ごすために（保護者の方が記入してください）

１ 高校生活で不安に感じること（複数回答可）

□成績　□進級　□卒業　□進路　□友人関係　□コミュニケーション　□いじめ
□通学　□遅刻　□欠席　□忘れ物　□提出物　□生活指導面
□その他（　　　　　　　　　　　　　　　　）

２ これまでの学校生活で、不安に感じたことや通学しにくくなるような出来事はありましたか。
　　　　　　　　　　　　　　　　　　　　　　　　　　　□はい　　□特にない

３ 入学後、スクールカウンセラーによるカウンセリングを希望しますか。　□はい　　□特にない

４ 学校生活面で配慮を希望することがありますか。　　　　　　　　　□はい　　□特にない

５ 学習面で教員に配慮を希望することがありますか。　　　　　　　　□はい　　□特にない

６ 障がい等で支援を希望することがありますか。　　　　　　　　　　□はい　　□特にない
　　　　　　　　　　　　　　　　　　　　　　　　　□すでに個別の教育支援計画を持っている

配慮の内容（□トイレ　□食事　□更衣　□友人との関係　□服装等のこだわり　□その他）

＊さしつかえがなければ、具体的にどのような支援が必要か記入してください。

７ 本人が得意なこと（自慢できること）や評価してほしいところについて書いてください。

大阪府立高等学校　個別の教育支援計画

大阪府立○○高等学校　　入学年度　○○年

生徒名	＊＊＊＊＊	生年月日	＊＊年＊＊月＊＊日
保護者名	＊＊＊＊	記載日	＊＊年＊＊月＊＊日
住所 連絡先	**************************** 電話番号０００ー００ー０００		
記入者	＊＊＊＊＊＊＊＊＊＊＊＊＊＊＊＊＊＊＊＊		
出身中学校等	＊＊中学校 ○担当者（　　　　　　　　　　　　　　　　　　　　　　）		
生徒の状況 (障がいの状況や 手帳の有無、 診断名等)	小中学校では支援学級に在籍していなかった。中学に入学した頃から、対人関係で課題があり、学校の勧めで中２～現在まで相談機関に通う。相談機関には、場面や状況に応じた発言など、対人関係上の支援のあり方について定期的に相談している。今後は、医療機関への相談も考えている（保護者より）。保護者と学校が連携して取り組んでいくために、個別の教育支援計画を協働して作成している。		
関係機関との 連携協力・ 支援ネット ワーク等	□教育関係（地域のスポーツクラブや学習塾等） □地域関係（子供会や他の団体等） □福祉関係（地域の福祉機関やボランティア団体等） □医療関係（かかりつけの医療機関等） 機関名、担当、連携、支援内容 ・○○教育センター　教育相談室　担当者：○○○○　000-000-0000 　保護者相談、WISC-Ⅲ検査の実施　記載日：＊＊.＊＊.＊＊＊ 支援を受けている関係機関名、主な担当者・連絡先などを明記します。		
卒業後の希望	☑進学（　　　　　　　　　　）□就職（　　　　　　　　　　） □未定　□その他の進路（　　　　　　　　　　　　　　　） 備考 本　人；大学に進学して歴史や日本文化を深く勉強したい。将来の仕事は未定。 保護者；得意な分野を生かした大学進学や就職を期待している。将来は自立生活ができるように少しずつ生活スキルを身につけていってほしい。		

		1年	2年	3年
活かしたい観点（特性） もっとも得意な観点にチェックを入れる		□先生の話をきちんと聞く力 ［　］ ☑課題や提出物等をやりとげる力 ［視覚的な情報に強く、得意な分野の記憶力が高いところや、決められたルールは必ず守るところを活かしていってほしい（保護者）］ □発言や発表、企画・立案をする力 ［　］	□認知的な観点 ［　］ □作業的な観点 ［　］ □言語・推論的な観点 ［　］	□認知的な観点 ［　］ □作業的な観点 ［　］ □言語・推論的な観点 ［　］
余暇の過ごし方				
興味・関心部活動等		他者とのトラブルを少なくするため、望ましいコミュニケーションの方法を知りたい。そして、友人をつくりたい（本人）。		
支援の目標	1年	本人のニーズから、他者とのコミュニケーション方法について、望ましい話し方、聴き方のモデルをみて、実際のコミュニケーション場面で応用できるようにする。		
	2年			
	3年			
支援の内容	1年	□トイレ　□食事　□更衣　□友人との関係　□服装等のこだわり □定期考査等での配慮　□その他 ①他者に話す前に「今、話していいですか？」と確認できるようになる。 ②他者に質問し、その応答を最後まで聞いてから発言できるようになる。 ③会話における役割交代のタイミングを体得する。		
	2年	□定期考査等での配慮		
	3年	□定期考査等での配慮		
評価 （支援の目標に対する評価）		・他者との関わりがうまくできたか自己評価する。 ・他者との関わりがうまくできていたか他者評価を聞く。 ・達成できたことと、今後の課題を明確にする。 評価の時期（　　年　　月　　日）		

面談等で、本人や保護者の思いや願いを十分に把握するように努めます。本人や保護者の思いを受け止めることが何より大切です。

本人や保護者の願いをもとに、「支援の目標」や、その目標を達成していくために考えられる主な支援内容、活動内容をわかりやすく記入します。
　また、担任一人ではなく、支援に関わる複数の教員が協力して考えましょう。
　校内支援委員会などで検討することも必要です。

大阪府立高等学校　個別の教育支援計画

大阪府立○○高等学校　　入学年度　　○○年

生徒名		生年月日	
保護者名		記載日	
住所 連絡先	電話番号		
記入者			
出身中学校等	○担当者　（　　　　　　　　　　　　　　　　　　　　　　　　　　　）		
生徒の状況 （障がいの状況や 手帳の有無、 診断名等）			
関係機関との 連携協力・ 支援ネット ワーク等	□教育関係（地域のスポーツクラブや学習塾等） □地域関係（子供会や他の団体等） □福祉関係（地域の福祉機関やボランティア団体等） □医療関係（かかりつけの医療機関等） 機関名、担当、連携、支援内容 ［　　　　　　　　　　　　　　　　　　　　　　　　　　　　　　　　］		
卒業後の希望	□進学（　　　　　　　　　　　　　　　）□就職（　　　　　　　　　　　） □未定　□その他の進路（　　　　　　　　　　　　　　　　　　　　　） 備考		

	1年	2年	3年
活かしたい観点（特性） もっとも得意な観点にチェックを入れる	□先生の話をきちんと聞く力 [　　　] □課題や提出物等をやりとげる力 [　　　] □発言や発表、企画・立案をする力 [　　　]	□認知的な観点 [　　　] □作業的な観点 [　　　] □言語・推論的な観点 [　　　]	□認知的な観点 [　　　] □作業的な観点 [　　　] □言語・推論的な観点 [　　　]
余暇の過ごし方			
興味・関心部活動等			

支援の目標	1年	
	2年	
	3年	

支援の内容	1年	□トイレ　□食事　□更衣　□友人との関係　□服装等のこだわり □定期考査等での配慮　□その他
	2年	□定期考査等での配慮
	3年	□定期考査等での配慮

評　価 （支援の目標に対する評価）	評価の時期（　　年　　月　　日）

高校版　個別の教育支援計画の作成

　高校版 個別の教育支援計画は、高校生活支援カードの記載内容（項目Ⅰ２、３、Ⅱ１、Ⅲ１、４、５、６、７）から作成を始めることができます。学校が障がい等により、支援や配慮を必要であると判断した生徒に対して作成をします。なお、既に学校独自の様式がある場合は、変更の必要はありません。また、作成に当たっては保護者、本人の署名が必要となります。

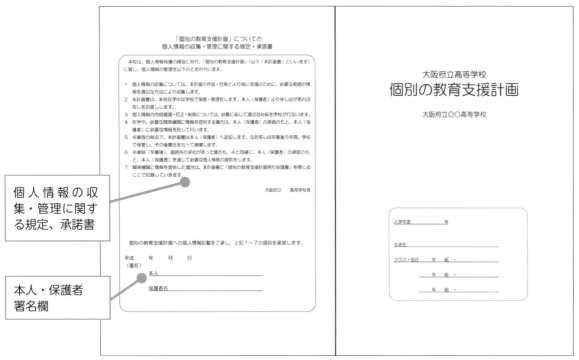

個人情報の収集・管理に関する規定、承諾書

本人・保護者署名欄

表面

障がいの状況（Ⅲ６，７）

「診断名」「障がい名」だけでなく、生活上または学習上の状況、困難さ等を記入

関係機関との連携（Ⅱ１）

卒業後の希望（Ⅰ３）

活かしたい観点（Ⅰ２）

支援の内容（Ⅲ１，４，５，６）

●合理的配慮の内容を記入
●支援の内容については、固定して考えず、定期的に見直しを図る

裏面

生徒の状況把握シート（様式）

生 徒 名 （　　　　　　　　　　　）	記 載 者 （　　　　　　　　　　　）
（　　）年（　　）組　性別（　　）　年齢（　　） 生年月日（　　年　月　日）	記載年月日（　　　年　　月　　日）

基本的な生活習慣	
学習場面の様子	
基礎的な学力	
言語・ コミュニケーション	
興味・関心	
社会性・対人関係	
行動等の特徴	
諸検査の結果等	

様式Ａ〔全般にわたる指導計画〕

個別の指導計画（２学期）

生 徒 名【　Ｂ　２年生　】
記 載 者【　教育　太郎　】　　　　　　　　　　記載年月日（＊＊年＊＊月＊＊日）

長期目標	◇発表や意見交換の機会を活用して、本人が持つ豊富な知識や情報を効果的に人に伝える方法の学びをとおし、コミュニケーションに対する自己理解を深める。
短期目標	◇プレゼンテーションの方法やビジネスマナーについて学ぶ。 ◇他の生徒のプレゼンテーションを見て、より効果的な方法や改善点について提案できる。

【具体的な課題】	【指導方法】
・説明の場面で使用する語句について、わかりやすい言葉を使うように心がける。また、質問するときや、話を切り出すときに「今、質問してもいいですか？」などときっかけをつくってから話し出すなど、効果的な会話ができるようにする。 ・コミュニケーションの基本である、「他者に伝える（質問する）」⇔「他者の話や意見を聞く」という相互のやりとりを意図的にできるようにする。	・大学などの発表やプレゼンテーション、ディベートを例に話を切り出すタイミング等について教員がモデルを示す。 ・全員の生徒の発表の様子を録画し、よい点、改善するとよいところ等を評価する。 ・コミュニケーションスキルとして、やりとりのパターンを実感し、習慣化できるように支援する。 ・望ましいやりとりができたときは、十分に称賛して評価する。 ・生徒の自己理解をうながすために、ディベート後などに「他者とのコミュニケーションがうまくできるようになってきたか」について自己評価する機会を設ける。 ・できるようになってきたことと、にがてなことを教員とともに整理して、これからの課題を明確にする。

【評価の観点】
・話をするときに、「話していいですか？」など、きっかけづくりをしてから話すことができるようになったか。
・「他者に伝える（質問する）」⇔「他者の話を聞く」という相互のやりとりを意識してできるようになってきたか。

【評価】記載日：（　　年　　月　　日）

様式B　〔教科ごとの指導計画〕

個別の指導計画（2学期）【社会】科

生徒名【　B　2年生　】 記載者【　教育　太郎　】	記載年月日（＊＊年＊＊月＊＊日）

支援の目標	本人の歴史、地理などの豊富な知識を定期考査や大学入試などで活用できるように、指導方法を配慮するとともに、教科指導をとおして自尊心の育成や自己肯定感を育成できるように、集団での指導方法を考慮する。

【生徒の状況】

　小さいときから鉄道に興味があり、時刻表を見たり列車の名前を覚えたりすることが得意である。中学生時代に、頻繁に他府県まで電車の写真の撮影に訪れ、日本の駅の周辺の特産物やみやげ物、歴史的な人物なども詳しく知っている。授業中に教員が説明しているときに、突然自分の知識を語りだすことがたびたびある。鉄道の話や自分の興味のあることを一方的に話すために、最近では、周りの生徒も困惑気味になっている。暗記中心の選択問題や穴埋め、記号で答える問題についてはそれなりに正解することができるが、記述式の問題にはうまく文章をまとめることができなくて、1学期日本史Bの考査では30点であった。課題などの提出物はきちんと出ている。

【教科の指導・支援方針・内容など】

　主に記述の問題の解法でのつまずきがあるので、国語科と連携して要約した文章の作成方法を考えていく。自分の考えを短文にまとめる方法を習得するために、まず結論を記載し、それを3つの文章で説明するような構成の文章表記を指導する。主語、述語を明確にした短文の作成での解答方法を指導する。一つの問題にかける時間を自分で管理できるようにタイマーなどを活用する。

【評価】　記載日：（＊＊年＊＊月＊＊日）

　最初はにがて意識から、なかなか取り組もうとしなかったが、記述式の解答の一部を空欄にしてキーワードを記入する問題に取り組むうちに、記述問題に対する取組みの姿勢が変わってきた。国語の時間との連携効果により、論理的な文章を作成する能力も向上してきた。

　適切な支援により、多様な知識を活用して、分析し推論することができるように、プレゼンやディベートなどの機会を取り入れた授業を展開し、より興味関心を引き出したい。

様式Ａ〔全般にわたる指導計画〕

個別の指導計画（　学期）

生徒名【　　　　　　　】
記載者【　　　　　　　】　　　　　　　　　　記載年月日（　　年　　月　　日）

長期目標	
短期目標	

【具体的な課題】	【指導方法】

【評価の観点】

【評価】　記載日：（　　年　　月　　日）

様式Ｂ〔教科ごとの指導計画〕

個別の指導計画（　学期）【　　　　　　　】科

生 徒 名【　　　　　　　】 記 載 者【　　　　　　　】	記載年月日（　　年　　月　　日）

支援の目標	

【生徒の状況】

【教科の指導・支援方針・内容など】

【評価】 記載日：（　　年　　月　　日）

自分気づきシート

記入日： 年 月 日
名 前：

チェック欄には次の項目を入力する
　◎：強くそう思う
　△：ややそう思う
　×：そう思わない・わからない

1 　学習に関すること

授業中などに、周りの音や掲示してある物、友人の動きなどが気になって集中できない

周りの人から「整理整頓できていない」とよく言われる

学校で配られた授業プリントやお知らせをよく失くす

気をつけているのに、よく忘れ物をしてしまう

宿題や課題の提出を忘れていて、先生から催促されることが多い

急な時間割変更や避難訓練など、いつもと違うスケジュールだと落ち着かず、不安な気持ちになる

授業中に黒板に書かれた内容を、時間内にノートやプリントに書き写せないことがよくある

授業中に黒板や自分のノートを見たときに、どこまで書いていたかわからなくなることがよくある

教科書の読んでいる部分がわからなくなることが多い

よく「集中力がない」と言われる

教室に貼ってあるプリントを見ただけでは、自分にとって大切な情報が何なのかよくわからない

先生の話を聞いただけでは、説明された内容がよくわからないことがある

2 　コミュニケーションに関すること

自分の得意なこととにがてなことを他人に説明するのはとても難しいと思う

初めて会う人の前や初めて行く場所ではとても緊張してしまい、不安になる

人がたくさんいる場所で、みんなと一緒に行動するのはとてもつらい

自分のやり方に他人から口出しされると、イライラして人や物に当たってしまうことが多い

過去に失敗したことをよく思い出して、いつも自分のことが嫌になる

周りの人や周囲のことに興味が湧かない

なんとなくイライラすることが多い

失敗するととても気分が落ち込んしまい、何もやる気が出ない

話している相手が何を伝えたいのかよくわからないと感じることが多い

相手の話の内容を勘違いしてトラブルになることがある

相手の態度や表情を見て「楽しそう」や「怒っていそう」などを判断するのは難しいと思う

誰かと話をしているときに、「今はその話をしていない」などと言われてしまうことが多い

周りの人が自分のことをどう思っているのか、よくわからなくて不安に感じることが多い

みんなと話をしているときに、急に話題が変わっていて内容がわからなくなってしまうことがよくある

説明されたとおりにやったのに間違ってしまって、注意されることがよくある

自分の持ち物を、誰かが勝手に使っていることがよくあると思う

相手が自分の話をなかなか理解してくれなくて、もどかしく感じることが多い

友人との会話でテンポが合わず、困ってしまうことがある

困ったことがあっても、それを周りの人にうまく伝えるのは難しいと思う

3 　身体に関すること

授業や部活動のときに、集中できないくらい嫌な音が聞こえるが、周りの人は全然気になっていないようだ

服のタグや生地の感触が気持ち悪くて、イライラしたり、頭痛になったりすることが多い

自分は、運動が苦手だったり、不器用だったりする方だ

模範演技などを見て、そのとおりに真似しようとしても、なぜかうまくいかない

4 　その他　気づいたこと

No. 5－2 生徒の実態把握ツール例② （教職員が記入するチェックシート）

教職員の気づきシート

記入日：	年 月 日
名 前：	
作成者：	

チェック欄には次の項目を入力する
　◎：強くそう思う
　△：ややそう思う
　無記入：該当なし・不明

1　学習や理解に関すること

- 周囲のことに気が散り、ひとつひとつの行動に時間がかかる
- 机上や棚を整理整頓する習慣が身についていない
- 授業で使用するプリント等の紛失が多い
- 授業に必要な物品の忘れ物が多い
- 授業における課題等の取組みについて、提出期限等をみすえたスケジュールを立てられない
- 予告なしに行われる避難訓練などの急な予定変更に対応できず、混乱したり、不安になったりする
- 板書等をノートに書き写すのに時間がかかる
- 板書等を書き写す部分を理解できていない
- 教科書の読んでいる部分がわからなくなることが多い
- 一連の作業において最後まで集中が続かないことがある
- 指示内容について、文字や文章を読むだけでは理解しがたい
- 指示内容について、話を聞くだけでは理解しがたい

2　社会性に関すること

- 自己理解が進んでおらず、自分の得意なことや、にがてなことを把握できていない
- 生活環境など様々な要因から、心理的に緊張したり不安になったりする
- 集団での活動に参加することができないことがある
- 他人から「自分にとって不都合なこと」を指摘されると、反発して興奮を静められない
- 障がいがあることや過去の失敗経験等により、自己に肯定的な感情を持つことができない
- 人との関わりや、生活全般において消極的である
- ストレスを溜め込み、イライラしている様子が多い
- 失敗等によって落ち込んだときには、立ち直るまでに相当の期間を要する
- 言葉や表情、身振りなどを総合的に判断して相手の状態を読み取り、それに応じた行動ができない
- 言葉を字義通り受け止めてしまう
- 行動や表情に表れている相手の真意を読み取れない
- 状況にそぐわない言動・行動があり、友人関係を築きにくい
- 「他者が自分をどう見ているか」、「どうしてそのような見方をするのか」ということの理解が十分でない
- 相手との会話の背景や経過を類推することが難しい
- 説明を聞き漏らしたり、最後まで聞かずに行動するために、内容を理解していないことがある
- 持ち主の了解を得ないで、物を使ったり、相手が使っている物を無理に手に入れようとしたりする
- 他者の意図を理解して、それに対する自分の考えを相手に正しく伝えたりすることが難しい
- 相手の立場や気持ち、状況などに応じた適切な言葉づかいがにがてである
- 自身が困っているときに、ヘルプメッセージを発することがにがてである

3　身体に関すること

- 特定の音に強く不快感を抱くことがある
- 身体接触や衣服の材質に強く不快感を抱くことがある
- 手足を協調させて動かすことや、微細な運動をすることに困難がみられる
- 教師が示す手本どおりに模倣することが難しい

4　その他　気づいたこと

No. 6　高等学校における通級による指導について（制度概要）

省令等の改正により、平成30年度から高等学校等においても特別の教育課程を編成して、通級による指導を行うことができるようになりました。

①省令（学校教育法施行規則）の改正

・**高等学校**で障害に応じた特別の指導を行う必要がある者(*1)を教育する場合、**特別の教育課程**によることができる。

（*1）言語障がい、自閉症、情緒障がい、弱視、難聴、LD、ADHD、肢体不自由、病弱及び身体虚弱

②告示の改正

・障害に応じた特別の指導を**高等学校の教育課程に加え、又は選択教科・科目の一部に替える**ことができる。
・障害に応じた特別の指導に係る修得単位数を、**年間7単位を超えない範囲で卒業認定単位に含める**ことができる。

特別の教育課程とは

障がいの特性に応じた特別の指導を、高等学校の教育課程に加え、又は選択教科・科目の一部に替えることができます。また、これらの指導に係る修得単位数は、年間7単位まで卒業認定単位に含めることができます。

ただし、高等学校学習指導要領に規定する**必履修教科・科目、総合的な学習の時間(*2) 及び特別活動、専門学科におけるすべての生徒に履修させる専門教科・科目及び総合学科における「産業社会と人間」については、通級による指導と替えることはできません。**

（*2）新学習指導要領では「総合的な探究の時間」

●加える場合の例（授業時数が増加）

放課後等、授業のない時間帯に実施

各学科に共通する必履修教科・科目（31単位）	総合的な学習の時間(*2)（2単位）	選択教科・科目（41単位）	障がい特性に応じた特別の指導（年間7単位まで）	特別活動

授業時数が増加

●替える場合の例（授業時数の増加なし）

選択教科・科目等の授業に替えて実施

各学科に共通する必履修教科・科目（31単位）	総合的な学習の時間(*2)（2単位）	選択教科・科目（41単位）／障がい特性に応じた特別の指導（年間7単位まで）	特別活動

通級による指導の実施形態

通級による指導の実施形態は「**自校通級**」、「**他校通級**」、「**巡回指導**」が考えられます。(*3)
いずれの実施形態の場合も、**生徒が在籍する学校の校長**が特別の教育課程の編成や単位認定を行います。

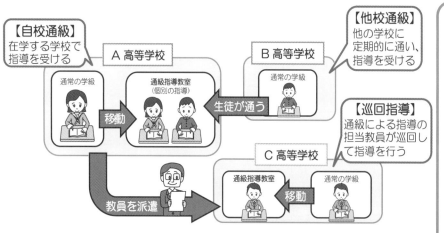

【自校通級】
在学する学校で指導を受ける

【他校通級】
他の学校に定期的に通い、指導を受ける

【巡回指導】
通級による指導の担当教員が巡回して指導を行う

通級による指導の実施に当たっては、その担当教員が支援教育コーディネーター等と連絡を取りつつ、生徒の在籍学級（他校通級の場合は、在籍高校の在籍学級）の担任教員との間で定期的な情報交換や、助言を行う等の連携・協力をします。

（*3）大阪府立高等学校では、当面の間、自校通級を基本としています

No. 7　高等学校における通級による指導実践事例

行動の優先順位とスケジュール管理の意識づけをめざした指導

個別の指導計画における短期目標	・行動に優先順位をつける際の基準を意識できる ・自分に合ったスケジュール管理の方法を見つけて継続する
自立活動の内容	健康の保持、心理的な安定

【指導の具体的な様子】

	学 習 内 容	指導上の留意点（場面・内容）	成果・課題・次段階に向けた取組み
第一段階	**第一段階の目標** **生活の可視化** **①自分関連図** ・自分がつながっている社会を図式化する【参考A】 **②1日（24時間）の行動** ・行動に費やす時間の確認 ・24時間テーブルの作成 **③授業に必要なものを書き出そう** ・時間割表に各教科の授業で必要なもの（および課題の有無）を記入する	**①②について** ・自分が関わっている場と、そこでの行動を個々に考えるのではなく、1日のつながりの中でとらえるよう示す **③について** ・授業に必要なものや提出物の有無を明記し、できていることと、できていないことを明確にすることで、自分の傾向に気づくよううながす	・24時間テーブルにより、1日の予定をつめこみすぎていることに気づき、今の自分に必要なことを取捨選択する必要を自覚できた ・授業に必要なものを書き出すことにより、「忘れ物が多い教科」、「忘れ物がない教科」があり、その原因を考察することができた **第二段階に向けて** ・自分にとって実行可能なスケジュールを立てることや、スケジュール管理の方法を考えることが、これからの学習課題である
第二段階	**第二段階の目標** **スケジュールを立てるコツを知る** **①グループワーク（2人〜4人）** ・情報整理ワーク ・手順を考えるワーク【参考B】 **②スケジュールづくりのワーク** ・アルバイトを辞めるまで ・受験カレンダーづくり ・冬休みの旅行の行程	**①について** ・情報の整理の仕方について、様々な方法があることを知るために、グループ学習で行う **②について** ・日常生活で実際にスケジュールを立てる力につなげるために、実例を用いてスケジュールを立てる練習を行う	・「自分は目先のことにとらわれてしまいがちである」という気づきを得ることができた ・「全体と限界を見て、すべき目的を見失わないことが大切である」という発言があった **第三段階に向けて** ・様々なツールを試して、自分に合ったスケジュール管理の方法を考え、実践する
第三段階	**第三段階の目標** **スケジュールの管理方法を決めて実践する** **①様々なスケジュール管理ツールを使ってみる** **②提出物を期限どおりに提出するためのアイディアを出す**	**①について** ・スケジュール管理の方法について、いくつか例示し、生徒が興味を示した方法で取り組む **②について** ・提出物の期限を守るために、課題内容と提出期限という2つの要素を管理するのだということを意識させる	・「スケジュール帳よりスマートフォンのアプリで通知機能を活用する方が自分に合う」という発言があった ・冬休みなど長期休業中に複数の課題が集中すると、管理しきれなくなってしまうため、もう一度、管理方法の確認や整理をして使いこなしていくのが今後の課題である

【参考A:自分関連図】

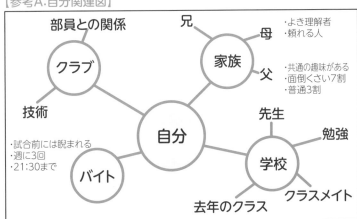

【参考B:手順を考えるワーク】

【ねらい】
　どのような意図があり、なぜその手順で行ったのかを考え、互いに説明し合うことで他者のよいところに気づくとともに、新たな考え方を学び合う

【テーマ例】
（例1）買い物の手順を考える
　　⇒買い物をするときの効率的な手順は？

（例2）海外旅行のプランニング
　　⇒観光地を巡るときの効率的な手順は？

（例3）限られた時間でできるだけたくさんの
　　●●を製作する
　　⇒効率的に作業を進めるために必要なことは？

【参考文献】

- ●DSM-5　精神疾患の診断・統計マニュアル　株式会社医学書院（2014）
- ●『2E 教育の理解と実践　発達障害児の才能を活かす』　松村暢隆編著　金子書房（2018）
- ●心理ワールド第 67 号　特集『自閉症スペクトラム障害―新しい発達障害の見方』　日本心理学会（2014）
  https://psych.or.jp/publication/world067/（最終閲覧：2020.7）
- ●『高等学校における特別支援教育の展開』小田浩伸編著　金子書房（2020）
- ●『アクティベート教育学 07　特別支援教育』　廣瀬由美子・石塚謙二編著　ミネルヴァ書房（2019）
- ●『高等学校の特別支援教育 Q&A』柘植雅義・石隈利紀編著　金子書房（2013）
- ●『愛着障害　子ども時代を引きずる人々』　岡田尊司　光文社新書（2011）
- ●『発達障害のある人の就労支援』　梅永雄二編著　金子書房（2015）
- ●令和 2 年度版　就業支援ハンドブック　独立行政法人高齢・障害・求職者雇用支援機構（2019）
  https://www.jeed.or.jp/disability/data/handbook/handbook.html（最終閲覧：2020.7）
- ●『第 2 回放課後の生活時間調査報告書』　ベネッセ教育総合研究所（2015）
  https://berd.benesse.jp/shotouchutou/research/detail1.php?id=4700（最終閲覧：2020.7）
- ●『あたし研究　自閉症スペクトラム〜小道モコの場合』　小道モコ　クリエイツかもがわ（2009）
- ●『あたし研究 2　自閉症スペクトラム〜小道モコの場合』　小道モコ　クリエイツかもがわ（2013）
- ●「令和元年度（2019 年度）障害のある学生の修学支援に関する実態調査結果報告書」日本学生支援機構（2019）
  https://www.jasso.go.jp/gakusei/tokubetsu_shien/chosa_kenkyu/chosa/2019.html（最終閲覧：2020.7）
- ●大阪府障がい者差別解消ガイドライン　第 2 版（解説編）　大阪府（2020）
  https://www.jasso.go.jp/gakusei/tokubetsu_shien/chosa_kenkyu/chosa/2019.html （最終閲覧：2020.7）
- ●高校生活支援カード及び大阪府立高等学校個別の教育支援計画について　大阪府教育庁教育振興室高等学校課
  http://www.pref.osaka.lg.jp/kotogakko/seishi/seikatusiken.html（最終閲覧：2020.7）
- ●発達障がい等のある児童生徒の円滑かつ適切な引継ぎの在り方について　大阪府教育庁教育振興室支援教育課（2017）
- ●障害を理由とする差別の解消の推進に関する法律の公布について（通知）　内閣府政策統括官（2013）
- ●特別支援教育の推進について（通知）　文部科学省初等中等教育局長（2007）
- ●発達障害を含む障害のある幼児児童生徒に対する教育支援体制整備ガイドライン 〜発達障害等の可能性の段階から、教育的ニーズに気付き、支え、つなぐために〜　文部科学省（2017）
- ●『高校で学ぶ発達障がいのある生徒のための 明日からの支援に向けて』　大阪府教育委員会編著　ジアース教育新社（2012）
- ●『高校で学ぶ発達障がいのある生徒のための 共感からはじまる「わかる」授業づくり』　大阪府教育委員会編著　ジアース教育新社（2012）

【監修】

小田　浩伸　（大阪大谷大学 教育学部 教授）

【執筆者】（五十音順・所属は令和2年4月1日現在）

小田　浩伸　（大阪大谷大学 教育学部 教授）

加納　範昭　（大阪府教育庁 教育振興室 支援教育課 主任指導主事）

久郷　正征　（大阪府立八尾翠翔高等学校 校長）

島津　邦廣　（大阪府立平野高等学校 校長）

種谷　賢吾　（大阪府教育センター カリキュラム開発部 支援教育推進室 主任指導主事）

長谷川　陽一（桃山学院教育大学 人間教育学部 教授）

松野　良彦　（大阪府立岬高等学校 校長）

三宅　恭子　（大阪府教育庁 教育振興室 高校再編整備課 首席指導主事）

望月　直人　（大阪大学 キャンパスライフ健康支援センター 相談支援部門 准教授）

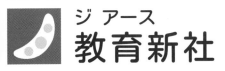

■表紙デザイン　isotope　井上 貴代

高校で学ぶ
発達障がいのある生徒のための
社会参加をみすえた自己理解
〜「よさ」を活かす指導・支援〜

2020 年 9 月 20 日　第 1 版第 1 刷発行
2023 年 2 月 23 日　　　　第 2 刷発行

■監　修　小田 浩伸
■編　著　大阪府教育委員会
■発行者　加藤 勝博
■発行所　株式会社 ジアース教育新社
　　　　　〒 101-0054　東京都千代田区神田錦町 1-23　宗保第 2 ビル
　　　　　TEL：03-5282-7183　FAX：03-5282-7892
　　　　　E-mail：info@kyoikushinsha.co.jp
　　　　　URL：https//www.kyoikushinsha.co.jp/

■本文デザイン・DTP　株式会社 彩流工房
■印刷・製本　シナノ印刷 株式会社

Printed in Japan
ISBN978-4-86371-555-4
定価は表紙に表示してあります。
乱丁・落丁はお取り替えいたします。(禁無断転載)